Gestão e controle do patrimônio

A contabilidade prática

www.saraivauni.com.br

Osiris Mendes Ribeiro

Francisco José Masset Lacombe

Gestão e controle do patrimônio

A contabilidade prática

Rua Henrique Schaumann, 270
Pinheiros – São Paulo – SP – CEP: 05413-010
Fone PABX: (11) 3613-3000 • Fax: (11) 3611-3308
Televendas: (11) 3613-3344 • Fax vendas: (11) 3268-3268
Site: http://www.saraivauni.com.br

Filiais

AMAZONAS/RONDÔNIA/RORAIMA/ACRE
Rua Costa Azevedo, 56 – Centro
Fone/Fax: (92) 3633-4227 / 3633-4782 – Manaus

BAHIA/SERGIPE
Rua Agripino Dórea, 23 – Brotas
Fone: (71) 3381-5854 / 3381-5895 / 3381-0959 – Salvador

BAURU/SÃO PAULO (sala dos professores)
Rua Monsenhor Claro, 2-55/2-57 – Centro
Fone: (14) 3234-5643 – 3234-7401 – Bauru

CAMPINAS/SÃO PAULO (sala dos professores)
Rua Camargo Pimentel, 660 – Jd. Guanabara
Fone: (19) 3243-8004 / 3243-8259 – Campinas

CEARÁ/PIAUÍ/MARANHÃO
Av. Filomeno Gomes, 670 – Jacarecanga
Fone: (85) 3238-2323 / 3238-1331 – Fortaleza

DISTRITO FEDERAL
SIA/SUL Trecho 2, Lote 850 – Setor de Indústria e Abastecimento
Fone: (61) 3344-2920 / 3344-2951 / 3344-1709 – Brasília

GOIÁS/TOCANTINS
Av. Independência, 5330 – Setor Aeroporto
Fone: (62) 3225-2882 / 3212-2806 / 3224-3016 – Goiânia

MATO GROSSO DO SUL/MATO GROSSO
Rua 14 de Julho, 3148 – Centro
Fone: (67) 3382-3682 / 3382-0112 – Campo Grande

MINAS GERAIS
Rua Além Paraíba, 449 – Lagoinha
Fone: (31) 3429-8300 – Belo Horizonte

PARÁ/AMAPÁ
Travessa Apinagés, 186 – Batista Campos
Fone: (91) 3222-9034 / 3224-9038 / 3241-0499 – Belém

PARANÁ/SANTA CATARINA
Rua Conselheiro Laurindo, 2895 – Prado Velho
Fone: (41) 3332-4894 – Curitiba

PERNAMBUCO/ ALAGOAS/ PARAÍBA/ R. G. DO NORTE
Rua Corredor do Bispo, 185 – Boa Vista
Fone: (81) 3421-4246 / 3421-4510 – Recife

RIBEIRÃO PRETO/SÃO PAULO
Av. Francisco Junqueira, 1255 – Centro
Fone: (16) 3610-5843 / 3610-8284 – Ribeirão Preto

RIO DE JANEIRO/ESPÍRITO SANTO
Rua Visconde de Santa Isabel, 113 a 119 – Vila Isabel
Fone: (21) 2577-9494 / 2577-8867 / 2577-9565 – Rio de Janeiro

RIO GRANDE DO SUL
Av. A. J. Renner, 231 – Farrapos
Fone: (51) 3371- 4001 / 3371-1467 / 3371-1567 – Porto Alegre

SÃO JOSÉ DO RIO PRETO/SÃO PAULO (sala dos professores)
Av. Brig. Faria Lima, 6363 – Rio Preto Shopping Center – V. São José
Fone: (17) 3227-3819 / 3227-0982 / 3227-5249 – São José do Rio Preto

SÃO JOSÉ DOS CAMPOS/SÃO PAULO (sala dos professores)
Rua Santa Luzia, 106 – Jd. Santa Madalena
Fone: (12) 3921-0732 – São José dos Campos

SÃO PAULO
Av. Antártica, 92 – Barra Funda
Fone PABX: (11) 3613-3666 – São Paulo

304.767.001.001

ISBN 978-85-02-19746-6

CIP-BRASIL. CATALOGAÇÃO NA FONTE
SINDICATO NACIONAL DOS EDITORES DE LIVROS, RJ.

L146g
    Lacombe, Francisco José Masset
        Gestão e controle do patrimônio : a contabilidade prática / Francisco José Masset Lacombe, Osiris Mendes Ribeiro. - São Paulo : Saraiva, 2013.

    ISBN 978-85-02-19746-6

    1. Controle de qualidade. 2. Gestão da qualidade total. I. Ribeiro, Osiris Mendes. II. Título.

13-0410	CDD-658.562
	CDU-005.6

18.01.13 22.01.12   042267

Copyright © Osiris Mendes Ribeiro e Francisco José Masset Lacombe
2013 Editora Saraiva
Todos os direitos reservados.

Direção editorial	Flávia Alves Bravin
Coordenação editorial	Rita de Cássia da Silva
Editora – Aquisições	Ana Paula Matos
Editora – Universitário	Luciana Cruz
Editora – Técnico	Alessandra Borges
Editora – Negócios	Gisele Folha Mós
Produção editorial	Daniela Nogueira Secondo
	Rosana Peroni Fazolari
Produção digital	Nathalia Setrini Luiz
Suporte editorial	Najla Cruz Silva
Arte e produção	Estação das Teclas
Capa	Guilherme Xavier
Produção gráfica	Liliane Cristina Gomes
Impressão e acabamento	Assahi Gráfica

Contato com o editorial
editorialuniversitario@editorasaraiva.com.br

1ª edição

Nenhuma parte desta publicação poderá ser reproduzida por qualquer meio ou forma sem a prévia autorização da Editora Saraiva.
A violação dos direitos autorais é crime estabelecido na lei nº 9.610/98 e punido pelo artigo 184 do Código Penal.

Dedico este trabalho, em primeiro lugar, ao meu amigo professor Francisco Lacombe, que não só me incentivou, mas assumiu com enorme competência os trabalhos de revisão técnica.

Dedico, também, à Mira, minha esposa, sempre pronta para me apoiar e encorajar, e aos meus três motivos de grande orgulho, meus filhos Marcos, Cecília e Camila.

Dedico, finalmente e muito agradecido, a Deus, que nunca me negou ombros fortes para carregar todos os excessos de carga que a vida me destinou.

Osiris Mendes Ribeiro

SOBRE OS AUTORES

Osiris Mendes Ribeiro

É administrador e contador, formado pela Pontifícia Universidade Católica de São Paulo (PUC-SP). Possui uma longa carreira profissional em cargos de alta direção, nas áreas de administração, controladoria e finanças de grandes empresas industriais e instituições financeiras, nacionais e estrangeiras. Conhece profundamente o mercado de capitais, tendo atuado como dirigente de bancos, corretoras, administradoras de ativos e serviços de bolsa de mercados futuros.

É professor nos cursos de Economia, Administração e Ciências Contábeis da Universidade Santa Úrsula do Rio de Janeiro, está atualizado sobre os procedimentos de aderência brasileira às normas contábeis internacionais (IFRS) e ministrou cursos de Administração e Contabilidade Financeira no IBMEC-RJ e FGV-RJ.

Foi dirigente de banco internacional de investimentos e possui larga experiência em processos de fusões e aquisições e, especialmente, privatizações, tendo atuado como coordenador de importantes processos de privatizações ocorridos no Brasil. Possui, também, experiência em análise de crédito e participou da organização de uma sociedade de crédito ao microempreendedor (SCM) e administrado negócios na área de microfinanças.

Contato com o autor:
omribeiro@editorasaraiva.com.br

Francisco José Masset Lacombe

Formado pela Escola Politécnica da Pontifícia Universidade Católica do Rio de Janeiro (PUC-Rio), na qual recebeu o Prêmio Metal Leve de 1960 de melhor aluno e mestre em Ciências pela Universidade de Houston, nos Estados Unidos.

Suas principais áreas de especialização são Fundamentos de Administração; Administração de Recursos Humanos; Estruturas Organizacionais; Diagnóstico e Planejamento Empresarial; Tendências Atuais da Administração e Gestão Contemporânea.

Lecionou em diversas faculdades, como Universidade Federal do Rio de Janeiro (UFRJ), Escola Politécnica e Escola Graduada de Ciências e Engenharia da PUC-Rio, Fundação Getúlio Vargas (FGV), Universidade de Santa Úrsula, na qual foi coordenador do curso de Administração e Instituto de Tecnologia da Informação e da Comunicação, em cursos de graduação e pós-graduação.

Possui larga experiência como executivo e como consultor nas áreas de diagnóstico empresarial, planejamento organizacional, planejamento estratégico, análise de investimento e recursos humanos em diversas empresas.

Contato com o autor:
flacombe@editorasaraiva.com.br

PREFÁCIO

A conjugação da formação teórica com o exercício da prática profissional cria um valioso produto, que poucos profissionais aproveitam para construir um veículo de transmissão de conhecimento tão eficaz, como este trabalho que Osiris Mendes Ribeiro produziu com o apoio de Francisco Lacombe.

Osiris é contador, administrador e desenvolveu uma invejável carreira profissional na área de finanças, com especialização em controladoria empresarial. Com mais de quarenta anos de atividade profissional, executou de forma progressiva, em indústrias e instituições financeiras de grande porte, as principais funções de administração e finanças e galgou no Brasil os mais altos postos de direção de empresas nacionais e multinacionais.

Atuando sempre como executivo administrativo-financeiro, acumulou enorme experiência prática das técnicas de controladoria utilizadas pela maioria das empresas de grande porte no mundo. Em paralelo a sua função de executivo empresarial, sempre dedicou parte de seu tempo à vida acadêmica, ministrando aulas em diversas instituições de ensino superior sobre matérias de sua especialização.

Foi com esse arsenal de conhecimento que decidiu produzir este utilíssimo trabalho sobre controle do patrimônio, com o apoio de Francisco Lacombe, que é autor de livros de administração e tem larga experiência profissional como executivo de grandes empresas. Tendo se graduado pela Escola Politécnica da PUC-Rio e Master of Sciences pela University of Houston, possui invejável experiência acadêmica como professor de diversas instituições de ensino superior.

A forma como foi desenvolvido o trabalho é uma prova do domínio que os autores têm sobre o assunto. Eles definiram com objetividade as pessoas física e jurídica, que no universo econômico-financeiro são proprietárias de patrimônio, bem como as diversas formas de patrimônio que compõem o universo de riquezas da sociedade.

A abordagem feita sobre os controles do patrimônio (tanto no âmbito da pessoa física, ou seja, o cidadão; como no da pessoa jurídica, ou seja, as empresas formadas pelas pessoas, com ou sem objetivo de lucro; utilizando a Contabilidade como ferramenta de gestão e controle) é de grande simplicidade e fácil entendimento.

É importante ressaltar que os ensinamentos de Contabilidade neste trabalho foram desenvolvidos observando-se a padronização internacional, à qual o Brasil aderiu recentemente por força de lei federal.

Como a preservação e controle da riqueza é uma preocupação permanente na sociedade, este trabalho oferece a orientação prática de como usar a Contabilidade na administração do patrimônio, de forma objetiva e sem complexidade.

Será, com certeza, uma obra bem-vinda aos professores interessados em ministrar cursos de conhecimentos fundamentais de Contabilidade e de controles patrimoniais e um meio prático de aprendizado para os titulares de riqueza patrimonial, interessados em adquirir conhecimentos básicos de controles contábeis.

Mario Vieira Lopes
Sócio-fundador da BKR- Lopes Machado (empresa com atuação nacional e estrangeira nas áreas de auditoria, consultoria e assessoria financeira), é contador e economista e possui mais de 30 anos de experiência profissional em empresas de auditoria independente (nacionais e multinacionais). Ex-presidente da 3ª Região e atual Conselheiro do IBRACON nacional (Instituto Brasileiro de Auditores Independentes), é professor dos cursos de MBA da Fundação Getúlio Vargas, bem como Conselheiro Fiscal de diversas empresas nacionais e estrangeiras.

APRESENTAÇÃO

Este livro destina-se a todos aqueles que estão interessados em conhecer a contabilidade e ampliar os conhecimentos sobre a administração de seus patrimônios. Pode ser usado tanto como texto de um primeiro curso introdutório de Contabilidade para os profissionais dessa área, como para outros cursos universitários de graduação, uma vez que todos devem ter noções básicas dessa disciplina. É, ainda, adequado para cursos de curta duração e para os profissionais ou empreendedores que desejem aprender por conta própria como usar esta importante ferramenta de gestão e controle, a fim de evitar perdas e melhor gerir seus negócios.

A motivação para escrevê-lo deveu-se à enorme experiência que acumulei em mais de quarenta anos de exitosa atuação em funções de consultoria e direção empresarial nos campos de controladoria e finanças e na atividade acadêmica nas áreas de Contabilidade, Economia e Administração, com foco em gestão financeira e controles contábeis. Agregando a grande experiência profissional de Francisco Lacombe, como executivo, professor universitário e autor de livros de administração, identifiquei reais condições de produzir, numa abordagem simples e didática, um trabalho que esteja ao alcance de todos os interessados na boa gestão do patrimônio e em conhecer os fundamentos básicos da contabilidade, que é a ferramenta de uso universal para interpretar, registrar, controlar e informar sobre a constituição e as mutações da riqueza patrimonial.

Elegendo como alvo os iniciantes nas práticas de controles contábeis, contadores ou não, decidi estruturar este trabalho, procurando, inicialmente, esclarecer onde se aplica a contabilidade, de forma que o leitor tenha acesso a um conhecimento básico da estrutura patrimonial no âmbito dos indivíduos e das entidades empresariais na sociedade. Isto é, a meu ver, primordial para que as pessoas possam avaliar melhor a importância e a eficácia da contabilidade como ferramenta de controle.

Após a identificação do universo de aplicação da contabilidade, foram feitas, com um mínimo de teoria, uma introdução bem objetiva dos seus fundamentos e definições e uma descrição da sua operacionalidade, de tal forma que possam ser assimiladas por interessados não contadores, proprietários ou não de patrimônio e, também, por alunos de curso introdutório de técnicas contábeis.

Meu propósito, que acredito ter atingido, foi oferecer aos leitores a maneira mais simples de conhecer a Contabilidade e de aprender a usá-la da forma como é praticada no âmbito universal para controle da riqueza dos indivíduos ou instituições.

Na conclusão deste trabalho, está apresentado um modelo de cada um dos principais documentos gerados pela sociedade brasileira na dinâmica de criação e nas mutações das riquezas patrimoniais e que são empregados na execução dos controles contábeis, bem como um glossário dos termos técnicos utilizados no trabalho.

Tenho que registrar a competência do professor Lacombe, na revisão dos textos originais, com apresentação de sugestões, que enriqueceram o seu conteúdo e na produção das perguntas em cada capítulo, que proporcionam um suporte objetivo para aferição do aprendizado e compreensão desse tema tão importante que é o controle da riqueza patrimonial.

Osiris Mendes Ribeiro

UM ENSINAMENTO BÁSICO PARA REFLEXÃO

O proprietário de riqueza patrimonial nunca pode esquecer o custo do dinheiro no tempo, que justifica o mandamento de que riqueza tem de gerar riqueza para pagar esse custo.

Cumpre lembrar que sempre são devidos juros sobre as obrigações a pagar e o valor líquido do patrimônio exigirá lucros compensatórios para os proprietários.

Portanto, é definitivo que os ativos patrimoniais devam sempre gerar lucros suficientes, não só para pagar as despesas de juros sobre as obrigações e o Imposto de Renda devidos, como ainda para proporcionar um lucro líquido suficiente para preservar a integridade da riqueza e cobrir os custos do dinheiro no tempo.

SUMÁRIO

Capítulo 1 INTRODUÇÃO 2
1.1 A pessoa física 4
1.2 A pessoa jurídica 6
Perguntas 8

Capítulo 2 O PATRIMÔNIO 10
2.1 Conceituação 12
    2.1.1 O que é patrimônio? 12
    2.1.2 Como se forma o patrimônio? 13
    2.1.3 Componentes do patrimônio 14
    2.1.4 Valor econômico do patrimônio 14
2.2 O patrimônio financeiro 15
    2.2.1 Formas de sua composição — disponibilidades e direitos 15
    2.2.2 Origens desse patrimônio 16
    2.2.3 Riscos inerentes ao patrimônio financeiro 17
    2.2.4 Práticas de proteção desse patrimônio 18
2.3 O patrimônio realizável 19
    2.3.1 Principais componentes 19
    2.3.2 Avaliação do patrimônio realizável 20
    2.3.3 Riscos inerentes ao patrimônio realizável 21
2.4 O patrimônio intangível 21
    2.4.1 O que é patrimônio intangível? 21
    2.4.2 Origens do patrimônio intangível 22
    2.4.3 Avaliação do patrimônio intangível 23

2.5 O investimento acionário ou societário 23
    2.5.1 Definição 23
    2.5.2 Origens do investimento 24
    2.5.3 Critérios de avaliação 24
2.6 O patrimônio imobilizado 25
    2.6.1 Formas de composição do imobilizado 25
    2.6.2 Origens do imobilizado 26
    2.6.3 Avaliação do imobilizado 26
    2.6.4 Riscos inerentes ao imobilizado 27
    2.6.5 Práticas de proteção do imobilizado 27
Perguntas 28

Capítulo 3 A Contabilidade como instrumento de controle 32
3.1 Origem e desenvolvimento da Contabilidade 34
    3.1.1 Histórico da evolução da Contabilidade 34
    3.1.2 Padronização internacional 34
3.2 O débito e o crédito 35
3.3 O plano de contas 38
3.4 Princípios e políticas contábeis 40
    3.4.1 Considerações gerais sobre normas contábeis ... 40
    3.4.2 Pressupostos fundamentais 41
    3.4.3 Princípios dos controles contábeis 42
3.5 Mensuração dos valores patrimoniais — valores de custo e mercado 44
3.6 A formação do ativo patrimonial 45
3.7 A formação do passivo patrimonial 45
3.8 Estrutura contábil do balanço patrimonial 46
    3.8.1 O balanço patrimonial e sua evolução 46
    3.8.2 Classificação das contas nos grandes grupos do balanço 47

3.9 Notas explicativas da situação patrimonial 50
Perguntas 50

Capítulo 4 Estrutura Operacional da Contabilidade 52
4.1 O lançamento de fato contábil e os livros básicos 54
    4.1.1 Lançamentos de fato contábil 54
    4.1.2 Os livros básicos 55
    4.1.3 Lançamento simples e lançamento composto 57
4.2 O controle analítico dos valores patrimoniais 57
    4.2.1 Detalhamento do plano de contas 57
    4.2.2 Contas sintéticas e subcontas 58
4.3 O controle financeiro — caixa e bancos 59
    4.3.1 Importância do ativo disponível 59
    4.3.2 Controle da liquidez financeira 59
4.4 O controle dos bens patrimoniais 62
    4.4.1 Composição da estrutura física do patrimônio .. 62
    4.4.2 Controle dos estoques 63
    4.4.3 Controle do imobilizado 65
4.5 O controle das contas a receber 67
    4.5.1 Origem das contas a receber 67
    4.5.2 Cuidados nas vendas a prazo 68
    4.5.3 Fatura e duplicata 68
    4.5.4 Registro das operações de vendas 69
    4.5.5 Controle das duplicatas a receber 70
    4.5.6 Planilha das contas a receber 70
4.6 O controle das contas a pagar 71
    4.6.1 Origem das contas a pagar 71
    4.6.2 Forma de controle das contas a pagar 72
    4.6.3 Planilha de contas a pagar 73

4.7 Definição de ganhos e perdas 74
    4.7.1 Ganhos patrimoniais 74
    4.7.2 Perdas patrimoniais 75
4.8 Definição e formas de apuração das receitas 76
4.9 Definição de custos e despesas e formas de apuração 78
    4.9.1 Custos 78
    4.9.2 Despesas 78
    4.9.3 Característica peculiar das instituições bancárias 79
    4.9.4 Documentação do fato gerador 79
    4.9.5 Depreciação 80
4.10 O cálculo do resultado (lucro/superávit ou prejuízo/déficit) 81
4.11 A demonstração do resultado 82
    4.11.1 Apuração periódica 82
    4.11.2 Forma padronizada universal 82
    4.11.3 Atividades sem fins lucrativos 83
4.12 Demonstrativos financeiros obrigatórios 84
    4.12.1 Prestação de contas 84
    4.12.2 Relatórios adicionais dos empreendimentos de grande porte 85
    4.12.3 Comparação com o período anterior 85
    4.12.4 Notas explicativas do balanço 85
    4.12.5 Demonstrativo das contas da situação financeira 86
    4.12.6 Demonstrativo das contas do patrimônio líquido 86
    4.12.7 Demonstrativo do resultado 87
    4.12.8 Demonstrativos financeiros obrigatórios 87
Perguntas 88

Apêndice Modelos de documentos e de instrumentos de controle contábil 90
1. Nota fiscal 92
   1.1 Nota fiscal de venda de serviço 92
   1.2 Espelho da nota fiscal/fatura de venda de mercadorias – DANFE 93
2. Duplicata 94
3. Recibo 94
4. Contrato de compra e venda 95
5. Livro caixa 96
6. Livro diário e modelos de lançamentos 97
7. Livro razão e modelos de lançamentos 98
8. Registro do inventário de estoques de mercadorias 99
9. Modelos dos demonstrativos financeiros obrigatórios .. 100
   9.1 Balanço patrimonial 100
   9.2 Demonstração do Resultado do Exercício – DRE .. 101
   9.3 Demonstração das mutações do patrimônio líquido 102
   9.4 Demonstrativo dos fluxos de caixa 103
      9.4.1 Modelo alternativo do método direto 103
      9.4.2 Modelo alternativo do método indireto 104
9.5 Demonstração do valor adicionado 105

Glossário 106

Referências 124

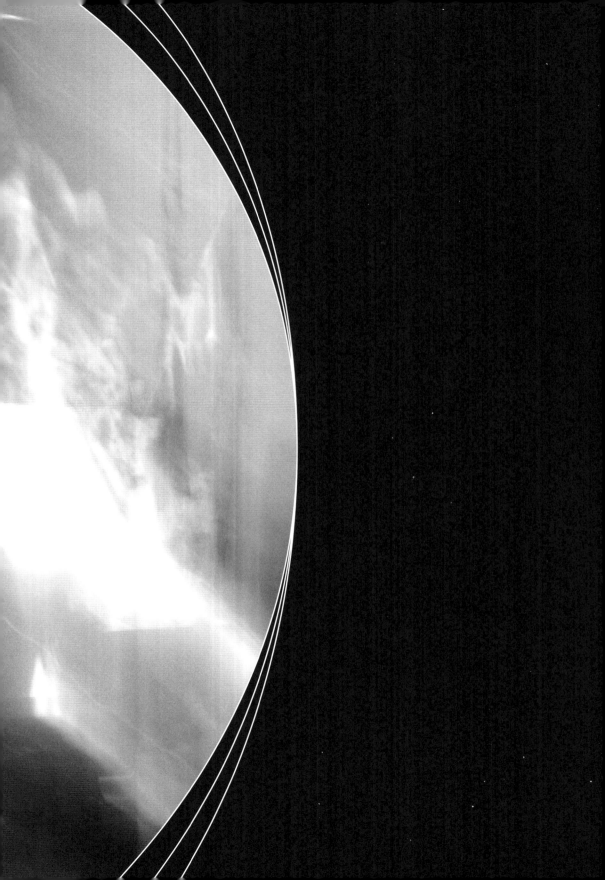

Capítulo 1

INTRODUÇÃO

Se olharmos para todo o planeta, vamos notar que tudo o que nele existe, as riquezas do solo e do subsolo, o uso do espaço terrestre e aéreo e os bens produzidos pelo homem, constituem uma enorme quantidade de itens formadores de um patrimônio, cuja propriedade ou posse está em mãos de pessoas físicas, dentre os mais de sete bilhões de seres humanos, ou de pessoas jurídicas: as instituições públicas ou privadas criadas pelas pessoas físicas.

Os mercados atribuem, a cada item desse gigantesco patrimônio, um valor econômico, que depende da sua utilidade e escassez e é traduzido na moeda do país de sua localização geográfica. A titularidade do patrimônio como o seu valor econômico estão em permanente risco. Portanto, a preservação desse valor e a manutenção da sua posse ou propriedade exigem de seu titular, pessoa física ou jurídica, uma capacitação especial de administração e controle.

O objetivo deste livro é apresentar, de forma simples, ao leitor interessado no controle do patrimônio, a Contabilidade, que é a ferramenta de administração utilizada pelas pessoas, no âmbito universal, para registro e controle da criação e da evolução de seus patrimônios.

1.1 A pessoa física

Em se tratando de assuntos relacionados com as técnicas de boa administração do patrimônio, o conceito de pessoa física deve ser entendido como o cidadão ou a cidadã no pleno exercício de sua cidadania, dentro da sociedade organizada onde atua e vive. Essa condição exige, segundo as normas brasileiras de cidadania, o cumprimento de, no mínimo, **seis requisitos básicos**, sem os quais a pessoa física não pode exercer plenamente seus direitos civis.

O primeiro requisito é tornar público o nascimento da pessoa, por meio do registro em cartório, denominado pela lei brasileira como Serviço de Registro Civil das Pessoas Naturais, obrigação essa atribuída aos pais do recém-nascido. O cartório fornece uma Certidão do Registro de Nascimento que é o documento que acompanhará a pessoa por toda sua vida.

O segundo requisito é a pessoa registrar-se junto à autoridade de identificação na esfera estadual, para efeito de ser incluída no cadastro de pessoas físicas portadoras de Certidão de Nascimento. A autoridade estadual fornece um documento numerado desse registro conhecido como RG ou Carteira de Identidade. Atualmente, está em fase de implantação no Brasil, com base na lei n. 9.454 e no decreto 7.166 de 05/03/2010, em substituição a esse cadastro estadual, um cadastro nacional centralizado no Instituto Nacional de Identificação, substituindo a atual Carteira de Identidade por um Registro de Identidade Civil (RIC). Nesse novo documento constarão, além de foto e impressão digital, os números de outros registros legais obrigatórios ao cidadão.

O terceiro requisito é a pessoa, a partir de dezesseis anos de idade, registrar-se junto ao Tribunal Regional Eleitoral para se habilitar a votar e, também, ser votado após completar dezoito anos, em eleições para cargos públicos municipais, estaduais e federais. Desse registro, é fornecido pela autoridade eleitoral o documento numerado denominado Título de Eleitor.

O quarto requisito básico é o(a) cidadão(ã) cadastrar-se (na Internet, no site da Receita Federal do Brasil ou nas agências da Caixa Econômica Federal, do Banco do Brasil ou da Empresa Brasileira de Correios e Telégrafos) como contribuinte de tributos federais, para estar habilitado a praticar atos de natureza econômico-financeira, tais como empregar-se, abrir empresa, abrir conta bancária, comprar a crédito, adquirir imóveis etc. Desse registro, será fornecido pela autoridade fazendária federal um número pessoal que é o Cadastro de Pessoas Físicas, o CPF.

O quinto requisito é o(a) cidadão(ã), com idade mínima de quatorze anos, obter junto à Delegacia Regional do Trabalho uma Carteira de Trabalho e Previdência Social para se habilitar a prestar serviços a terceiros na condição de empregado. Essa carteira é numerada e servirá para registro formal de todas as contratações de emprego do titular.

Finalmente, tratando-se de pessoa do sexo masculino, a lei determina a obrigatoriedade, ao completar dezoito anos, do registro na

Junta de Serviço Militar do município, para efeito de seleção pelas Forças Armadas para prestação do serviço militar. Prestado o serviço militar ou dispensado dele, o inscrito receberá um documento numerado que é o Certificado de Reservista.

Com essas providências, temos a Pessoa Física legalmente habilitada no Brasil a cumprir todos os seus deveres perante a sociedade e a exercer todos os seus direitos, inclusive de possuir e administrar de forma independente o seu próprio patrimônio.

1.2 A pessoa jurídica

A maior parte dos atos praticados pelas pessoas físicas na sociedade é efetuada por meio de esforço coletivo e não individual. Em uma sociedade organizada, esses atos coletivos são executados por meio de entidades com finalidade específica, denominadas pessoas jurídicas, criadas e legalizadas pelas pessoas físicas.

As pessoas jurídicas são divididas em dois grandes grupos: pessoa jurídica de direito público e pessoa jurídica de direito privado.

As pessoas jurídicas de direito público são entidades governamentais criadas por lei, para compor a estrutura do governo, para prestação de serviços públicos, mormente relacionados à saúde, educação e segurança.

As pessoas jurídicas de direito privado são instituições criadas por pessoas físicas, com o propósito de, atendendo demandas da sociedade, explorar a prestação de serviços, a industrialização e comercialização de bens, com a finalidade ou não de lucros.

A empresa pública é criada pelo governo com recursos públicos orçamentários para integrar sua estrutura, de acordo com as conveniências da sociedade. Ela pode estar nas esferas federal, estadual ou municipal.

A empresa privada é criada com recursos de pessoas da iniciativa privada, com objetivo definido, para atender uma demanda da sociedade e obter um retorno sob a forma de lucro. A instituição privada pode também ser criada para atuar sem fins lucrativos nos diversos campos dos serviços sociais, esportivos, religiosos etc.

Enquanto a empresa pública necessita de lei para sua criação, a empresa privada tem que se submeter a um extenso processo de registros, para que possa atuar legalmente no Brasil de acordo com seus propósitos na sociedade.

Não é o objetivo deste livro abordar todos os tipos jurídicos de empresas privadas previstos na legislação brasileira, mas focar, como exemplo, dois que abrangem, com certeza, a quase totalidade do universo empresarial brasileiro. O primeiro são as empresas constituídas sob a forma de sociedades anônimas (S.A.), cujo capital social (total dos recursos aportados pelos donos na empresa) é dividido em ações, sendo seus criadores os acionistas. O segundo tipo são as empresas constituídas sob a forma de limitadas (Ltda.), cujo capital social é dividido em cotas, sendo seus criadores os sócios cotistas.

Toda empresa privada tem um documento básico de criação, que no caso das sociedades anônimas é o Estatuto Social, no qual não são identificados os donos, e nas limitadas é o Contrato Social, no qual são identificados nominalmente todos os sócios. Esses documentos estabelecem a razão social ou nome da empresa, a estrutura, a composição e o valor do capital social, o objeto social, os órgãos e as regras de administração da empresa etc.

Para a legalização de uma empresa privada, o primeiro passo, após a assinatura do Estatuto ou Contrato Social, é o registro em órgão público específico do seu instrumento de constituição, para obtenção do Número de Identificação de Registro da Empresa (NIRE). Tratando-se de empresa mercantil o registro será feito no Registro Público de Empresas Mercantis a cargo das Juntas Comerciais. Empresas não mercantis serão registradas no Cartório do Registro Civil das Pessoas Jurídicas.

Para algumas atividades especiais controladas por órgãos governamentais específicos, tais como instituições financeiras, previdenciárias ou securitárias, a autorização prévia desses órgãos deve ser obtida antes da obtenção do NIRE.

O segundo passo é o registro da empresa no Cadastro Nacional de Pessoas Jurídicas, como contribuinte de impostos federais, e a obtenção do número do seu CNPJ. Esse registro é feito junto à Receita Federal do Brasil por meio eletrônico via Internet em programa especial disponibilizado pela RFB.

O terceiro passo é a obtenção do número de inscrição estadual na Internet, no site da Secretaria da Fazenda do Estado ou diretamente no Posto Fiscal do Estado.

O quarto passo é a obtenção na Internet, no site da Secretaria da Fazenda Municipal ou junto à Prefeitura, da Certidão de Atividade e do Alvará de Funcionamento da empresa.

O quinto passo é o registro da empresa no Cadastro da Previdência Social, que deve ser feito junto à Agência da Previdência de jurisdição da empresa.

Finalmente, dependendo do ramo de atividade da empresa, ela deverá ser registrada também no órgão de classe respectivo, ou seja, CREA para atividades de engenharia, CRA para atividades de administração, CRC para atividades ligadas a serviços de Contabilidade, CRM para atividades ligadas a serviços médicos, CRO para atividades ligadas a serviços de odontologia etc.

Completados os registros necessários, os acionistas ou sócios devem efetuar a integralização do Capital pelo valor indicado no Estatuto ou Contrato Social, por meio da transferência dos recursos respectivos para o nome da empresa. Portanto, o patrimônio da empresa no início de suas atividades são os recursos aportados pelos proprietários sob a forma de Capital Social.

Perguntas

1. Quais são os requisitos para uma pessoa exercer plenamente seus direitos de cidadania?

2. O que são as pessoas jurídicas de direito público? Para que servem?

3. O que são as pessoas jurídicas de direito privado? O que fazem?

4. Quais os registros necessários a uma empresa privada? Como é obtido cada um?

5. Em que consiste uma ação numa sociedade anônima? As sociedades limitadas também têm ações?

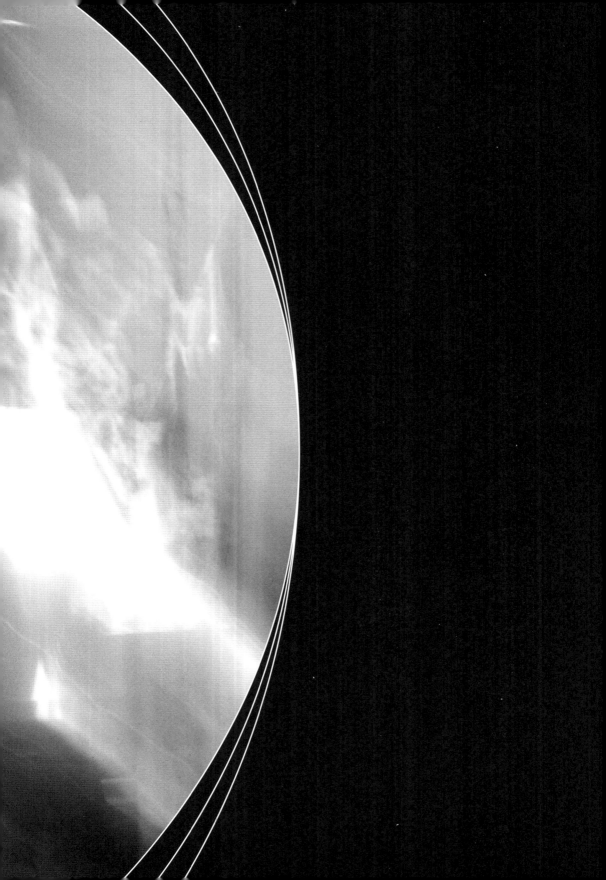

Capítulo 2

O PATRIMÔNIO

2.1 Conceituação

2.1.1 O que é o patrimônio?

O patrimônio, no sentido de propriedade econômico-financeira da pessoa física ou jurídica, é o valor do conjunto de **bens físicos** tais como dinheiro, joias, obras de arte, móveis, imóveis, veículos, máquinas, ferramentas etc. e **direitos** tais como títulos e contas a receber, aplicações financeiras etc.

Além dos bens físicos, o patrimônio pode incluir bens imateriais (ver seção 2.4 deste capítulo) que possam ser avaliados, tais como marcas e patentes, ponto comercial, direito de concessionário de serviço público etc.

O valor total dos bens e direitos representa o Patrimônio Bruto, ou Ativo Patrimonial, como é denominado pela Contabilidade.

Esse Patrimônio Bruto, como se nota, não inclui qualquer referência às dívidas de seu titular. As dívidas, denominadas pela Contabilidade como obrigações ou passivo exigível, são as contas e títulos a pagar, originadas principalmente de compras de bens e serviços a prazo, empréstimos bancários, impostos a pagar etc.

Após a necessária consideração do total das dívidas de responsabilidade do titular do patrimônio, pode ser apurado o valor do Patrimônio Líquido. Este valor é obtido pelo cálculo da equação fundamental do balanço patrimonial: **A − P = PL**, que é o valor do Ativo Patrimonial (A) numa determinada data menos o total do Passivo Exigível (P) na mesma data, que tem como resultado o Patrimônio Líquido (PL). Exemplificando:

Valor total dos bens e direitos de propriedade da pessoa	R$ 500.000,00
Menos o valor total das obrigações do titular do patrimônio	− (R$ 200.000,00)
Valor do Patrimônio Líquido	**R$ 300.000,00**

É importante destacar que uma situação saudável do patrimônio requer, necessariamente, a existência de um valor total de Ativo Patrimonial superior ao valor total do Passivo Exigível. O contrário, ou seja, o total de dívidas superior ao total de bens e direitos indica uma situação denominada pela Contabilidade como "passivo a descoberto", geralmente indício de fase pré-falimentar. Quando uma empresa apresenta um

Patrimônio Líquido de valor inferior ao total de recursos aportados pelos acionistas ou sócios cotistas, ela já indica que está gerando prejuízos, reclamando, portanto, medidas urgentes para reversão das expectativas.

2.1.2 Como se forma o patrimônio?

Na pessoa física, a formação do patrimônio se dá, geralmente, pela acumulação de poupança, por meio da contenção de gastos em valor inferior ao dos ganhos. Eventualmente, o patrimônio pode ser formado por doações ou por herança de valores deixados por falecidos.

Como todo patrimônio deve gerar oportunidade de ganhos, a sua boa gestão pode resultar em acréscimos, envolvendo riscos que o seu titular está disposto a correr. Também, a má gestão do patrimônio pode resultar em perdas que levem à sua redução ou até à sua extinção.

Na pessoa jurídica, o patrimônio é formado, inicialmente, pela integralização do capital por parte dos acionistas ou sócios cotistas. Esse aporte de capital forma o Patrimônio Líquido inicial, que deve crescer, com boa gestão, com a acumulação de lucros retidos, ou com novos aportes de capital efetuados pelos proprietários ou por novos acionistas ou sócios cotistas.

Esse Patrimônio Líquido da pessoa jurídica sofrerá reduções pela ocorrência de prejuízos auferidos nas operações ou pela retirada de titulares do seu capital.

É importante notar que, tanto na pessoa física como na pessoa jurídica, o Patrimônio Líquido não aumenta pela obtenção de empréstimos, dado que a entrada desses recursos no Ativo Patrimonial corresponderá a um aumento de igual valor no Passivo Exigível, obviamente com efeito nulo no Patrimônio Líquido. Exemplo:

Valor total dos bens e direitos de propriedade da pessoa	R$ 500.000,00
Menos o valor total das obrigações do titular do patrimônio	– (R$ 200.000,00)
Valor do Patrimônio Líquido	**R$ 300.000,00**

Após entrada de empréstimo de R$ 100.000,00	
Valor total dos bens e direitos de propriedade da pessoa	R$ 600.000,00
Menos o valor total das obrigações do titular do patrimônio	– (R$ 300.000,00)
Valor do Patrimônio Líquido	**R$ 300.000,00**

2.1.3 Componentes do patrimônio

Como visto anteriormente, o patrimônio real do titular é a situação líquida, ou seja, o valor de todos os bens e direitos menos o total das dívidas na mesma data. Por isso, a análise da composição do patrimônio se faz, inicialmente, pela identificação dos itens componentes do ativo patrimonial, que representam as aplicações dos recursos captados pelo titular do patrimônio, por meio de aportes de capital ou de endividamento.

O patrimônio bruto, antes de deduzidas as obrigações, pode ser composto por (i) disponibilidades financeiras (dinheiro em caixa ou depósitos bancários em conta movimento); (ii) aplicações financeiras remuneradas tais como certificados de depósito bancário, cotas de fundos de renda fixa, debêntures etc.; (iii) aplicações especulativas ou de proteção de valor tais como ações em bolsas de valores, obras de arte, joias, metais preciosos etc.; (iv) contas a receber; (v) mercadorias em estoque; (vi) investimento de capital em empresas; (vii) valores intangíveis tais como marcas e patentes, franquias, fundo de comércio (*goodwill*); gastos de projetos futuros etc.; (viii) bens imobilizados tais como imóveis, móveis e utensílios de uso, veículos, máquinas e equipamentos operacionais etc. Do valor total desses bens e direitos é deduzido o valor total das dívidas, tais como contas a pagar, empréstimos obtidos etc., apurando-se então o valor líquido do patrimônio.

2.1.4 Valor econômico do patrimônio

Ao corporificar o patrimônio como uma parcela de riqueza, é necessário atribuir-lhe um valor representado por uma quantidade de moeda do país. Quando esse valor é determinado com base na situação normal de preços de mercado em uma economia estável, podemos considerar ser esse o seu valor econômico.

Dada a volatilidade dos mercados, é comum, nas atividades de controle do patrimônio, atribuir-lhe valor com base no valor de sua aquisição. Exemplificando:
- Um imóvel terá o valor indicado na sua escritura registrada em cartório;

- Um veículo terá o valor indicado na nota fiscal de aquisição.

Não se considera, para indicação de valor econômico, o eventual valor afetivo que possa ser atribuído pela pessoa a um determinado bem componente do seu patrimônio, nem o preço potencial baseado em expectativas futuras.

O valor de um ativo depende de sua utilidade, em termos de uso, de troca por outro ativo ou de dação como forma de pagamento de uma dívida.

Estamos acostumados a atribuir valor a alguma coisa física e tangível. Entretanto, não é a propriedade física que dá valor ao ativo, mas sim o uso que podemos dar a ele.

Por exemplo, uma empresa pode ter a propriedade de um equipamento de Telex em bom estado de funcionamento. Atualmente, embora seja um bem físico, ele não tem valor patrimonial por não possuir utilidade, portanto não possui valor contábil. A mesma empresa pode ter adquirido direito contratual de exploração de uma franquia. Embora não seja tangível, esse direito é um ativo que tem valor patrimonial, por representar um instrumento de geração futura de lucros como todos os demais itens componentes do ativo patrimonial.

Como o objetivo deste livro é focar os aspectos administrativos de boa gestão e controle do patrimônio, não abordaremos as especulações sobre as diferenças entre valor nominal, que é basicamente o custo histórico, e valor justo, que é basicamente o valor de mercado.

Assim, definimos como valor econômico do patrimônio o valor a ele atribuído em moeda de economia estável, com base na documentação que o originou ou nos critérios contábeis aplicados conforme cada circunstância.

2.2 O patrimônio financeiro

2.2.1 Formas de sua composição – disponibilidades e direitos

Os recursos financeiros que na linguagem contábil se chamam disponibilidades são compostos por dinheiro em caixa, saldos credores nas contas movimento de depósitos à vista em bancos (para saques com cheque ou cartão), joias e metais preciosos certificados e de fácil comercialização e as aplicações financeiras em fundos de renda, com faculdade de resgate mediante ordem do aplicador.

Note que as aplicações financeiras em fundos com prazo de resgate pré-contratado, em certificados de depósito bancário (CDB) ou em títulos de crédito de renda fixa, tais como debêntures (emitidas por sociedades anônimas para captar recursos de longo prazo), embora representem valores financeiros, não são disponibilidades, mas sim direitos financeiros, visto não existir nesses casos o pronto resgate.

Podemos, portanto, exemplificar a composição do patrimônio financeiro de uma pessoa ou empresa, incluindo disponibilidades e direitos financeiros, como segue:

Disponibilidades	
Dinheiro em caixa sob a forma de moeda do país ou de moedas estrangeiras convertidas em reais à taxa de câmbio do dia	R$ 4.000,00
Saldo disponível na conta movimento em banco	R$ 12.000,00
Aplicação financeira em fundo de pronto resgate	R$ 24.000,00
Ouro em barra de qualidade certificada	R$ 50.000,00
Joias e pedras preciosas certificadas e avaliadas	R$ 50.000,00
Total das disponibilidades	**R$ 140.000,00**

Direitos financeiros	
Certificados de depósito bancário com prazo de resgate a vencer	R$ 60.000,00
Aplicação financeira em fundo com prazo pré-contratado de resgate	R$ 100.000,00
Debêntures com prazo de resgate a vencer	R$ 200.000,00
Total dos direitos financeiros	**R$ 360.000,00**
Patrimônio financeiro total	**R$ 500.000,00**

2.2.2 Origens desse patrimônio

A composição do patrimônio financeiro inicia-se com a entrada de dinheiro, que tem, geralmente, as seguintes origens, sob a forma de papel moeda, cheque ou crédito em conta bancária:

Na pessoa física
- Recebimentos de salário ou proventos de qualquer natureza;

- Recebimentos pela venda de bens ou direitos;
- Recebimentos de doações em dinheiro;
- Recebimentos de herança em dinheiro;
- Recebimentos de valores emprestados devolvidos;
- Recebimentos de importâncias tomadas emprestadas;
- Recebimentos de indenizações diversas.

Na pessoa jurídica
- Recebimentos de integralizações de capital em dinheiro;
- Recebimentos pelas vendas efetuadas à vista;
- Recebimentos de contas e direitos a receber;
- Recebimentos de doações em dinheiro;
- Recebimentos de valores emprestados devolvidos;
- Recebimentos de importâncias tomadas emprestadas;
- Recebimentos de indenizações diversas.

A entrada de papel moeda ou cheque demandará o seu imediato depósito em conta bancária, em virtude do alto risco desse ativo.

A disponibilidade de saldos credores em conta bancária proporcionará ao seu titular a oportunidade de negociar aplicações financeiras remuneradas, tais como CDB, fundos de investimentos, debêntures etc. ou adquirir bens conversíveis para reserva de valor tais como metais preciosos, joias, moeda estrangeira etc. Ele pode fazer isto sem alterar a sua liquidez.

2.2.3 Riscos inerentes ao patrimônio financeiro

Entre os ativos patrimoniais, as disponibilidades e os direitos financeiros são os mais sensíveis a perdas por má gestão financeira, tais como falta de aplicação para renda ou perdas pelo excesso de agressividade na busca de renda alta sem avaliação dos riscos ou ainda por furtos e roubos.

A disponibilidade de dinheiro ou valores financeiros, como joias e metais preciosos, atraem a cobiça de pessoas e cabe a seu titular cuidar de sua proteção. Além disso, a manutenção do valor desses bens exige cuidados face à ocorrência da perda de poder aquisitivo da moeda de sua referência, provocada pela inflação. Um recurso financeiro mantido sem remuneração fatalmente causará prejuízos ao seu titular, pois a inflação no decorrer do tempo irá corroer o seu valor. Ademais, o recurso financeiro é uma riqueza que deve produzir riqueza, cabendo ao seu proprietário a obrigação de buscar formas de aplicação remunerada dos recursos, desde que devidamente conhecidos os riscos.

No caso de joias e metais preciosos, é sempre importante o titular ter em seu poder um certificado de procedência e qualidade e uma avaliação atualizada, para garantia de sua conversibilidade a valor de mercado.

No caso de moeda estrangeira, as flutuações da taxa de câmbio, que é o valor de conversão da moeda fixado pelo mercado, sob controle do Banco Central, podem resultar tanto ganhos como perdas, dependendo de condições macroeconômicas e políticas governamentais. É sempre bom lembrar que a posse de moeda estrangeira no Brasil é livre, desde que adquirida em banco autorizado ou instituição credenciada pelo Banco Central para operar em câmbio.

2.2.4 Práticas de proteção desse patrimônio

O dinheiro em espécie, por exemplo, não deve, mesmo que bem protegido, ser mantido sob a guarda de seu titular. Não vale a pena correr os riscos inerentes a esse ativo e o recomendável é buscar a sua guarda em um banco no qual, além da proteção, pode-se negociar uma aplicação financeira que gere uma receita que traga lucro ou, pelo menos, mantenha o valor aquisitivo da moeda. O mesmo raciocínio de proteção se aplica para joias e metais preciosos.

O uso dos serviços de banco para custódia de ativos financeiros é prática universal que deve ser seguida. Entretanto, o titular desses valores precisa evitar esse relacionamento com instituições bancárias que demonstrem muita agressividade na captação de recursos, oferecendo pagar taxas de juros muito acima dos padrões de mercado. Esses bancos são instituições em situação de risco, que podem, no futuro, oferecer dificuldades de resgate para seus clientes.

Em síntese a mensagem é: não use o seu cofre, use o cofre de um banco sólido para guarda da sua riqueza.

Na negociação para guarda da riqueza, nunca se esquecer de explorar a possibilidade de buscar uma remuneração, por meio de aplicação financeira que traga receita em padrões competitivos com as melhores taxas do mercado, sem o risco de comprometer a integridade do patrimônio. É prática comum de mercado essas aplicações buscarem produtos financeiros de liquidez imediata ou de curtíssimo prazo, tais como fundos de investimento ou certificados de depósito bancário.

Em situações de folga na liquidez, ou seja, recursos disponíveis a longo prazo, o mercado oferece opções de aplicação mais rentáveis tais como debêntures e até CDB de prazo de resgate mais longo. Nessas situações, deve-se tomar todo o cuidado para não comprometer recursos disponíveis com aplicações especulativas, tais como aplicações de renda variável em cujo mercado predomina a compra e venda de ações de empresas de capital aberto, nas bolsas de valores.

Aplicações especulativas, dado o seu risco de realização de perdas, só podem ser feitas com recursos financeiros excedentes às necessidades futuras do fluxo operacional de caixa.

2.3 O patrimônio realizável

2.3.1 Principais componentes

O patrimônio realizável é constituído por estoques de mercadorias, por bens e valores a comercializar e por contas a receber.

Os estoques são valores representados por gastos na aquisição de materiais e mercadorias, que representam custos futuros de venda ou de fabricação ou despesas operacionais futuras.

Os bens e valores a comercializar podem ser representados por bens móveis ou imóveis e por títulos de propriedade tais como ações ou cotas de capital.

As contas a receber resultam, geralmente, de operações comerciais de venda a prazo. No Brasil, esses ativos são representados nas empresas por um título de crédito denominado "duplicata", emitido pelo vendedor. Além das duplicatas a receber, as contas a receber podem ser compostas por outros títulos de crédito, tais como notas promissórias, letras de câmbio etc., originadas de contratos de operações de mútuo e empréstimos ou adiantamentos concedidos a terceiros.

Esses valores patrimoniais devem ser objeto de rigorosa política de planejamento, gestão e controle contábil, de forma que se garanta a máxima rotação para evitar ativos ociosos. A realização do lucro, como condição vital na preservação da saúde patrimonial, depende da utilização plena dos ativos. Logo, podemos destacar que o ativo ocioso é um gerador de prejuízo e, como tal, deve ser rigorosamente evitado.

A boa gestão do patrimônio observará, rigorosamente, as seguintes condicionantes do sucesso:
- Recursos financeiros têm de ser remunerados;
- Contas a receber devem evitar inadimplências;
- Estoques devem girar o mais rápido possível;
- Valores realizáveis devem ser rapidamente convertidos em dinheiro;
- Investimentos devem gerar retornos competitivos; e
- Imobilizado deve ser dimensionado a um mínimo absolutamente necessário, com base no estudo de confirmação da competitividade da taxa de retorno que cada item vai proporcionar para o patrimônio.

2.3.2 Avaliação do patrimônio realizável

Os estoques de mercadorias são avaliados pelo seu custo de aquisição, identificados nas notas fiscais de compra, ou pelo custo de fabricação apurado contabilmente, quando se tratar de produtos fabricados na própria empresa.

Os bens e valores a comercializar são avaliados pelos seus custos de aquisição constantes dos documentos de registro das suas entradas no patrimônio.

As contas a receber são, em geral, avaliadas pelo valor nominal constante dos títulos representativos desses realizáveis, que, dependendo da forma de contratação ou negociação, podem ou não gerar receitas financeiras pelo prazo que decorre até o seu vencimento.

2.3.3 Riscos inerentes ao patrimônio realizável

Os estoques de mercadorias são comumente geradores de prejuízos originados pelos seguintes fatores:
- Perdas por mau manuseio e estocagem sem proteção e pela falta de controle na entrada e saída dos almoxarifados;
- Perdas de estoques perecíveis por falhas de armazenamento ou baixa rotatividade;
- Perdas por obsolescência provocada pela baixa rotatividade, diante de mudanças de tecnologia ou na demanda de produtos com novas especificações pelo mercado.

Os bens móveis e imóveis comercializáveis devem ser objeto de agressiva política de venda, para que não permaneçam como ativos ociosos causadores de prejuízos ao patrimônio.

As contas a receber podem gerar perdas pelo mau controle dos vencimentos, pela concessão de prazos não remunerados e pela ação de cobrança ineficaz, principalmente junto a devedores inadimplentes.

2.4 O patrimônio intangível

2.4.1 O que é patrimônio intangível?

Na composição do Ativo Patrimonial podem estar incluídos valores referentes a itens imateriais, que na linguagem contábil são denominados intangíveis. O valor desses itens é limitado pelo benefício ou direito que antecipadamente confere ao seu proprietário.

Os itens que na regra geral podem ser classificados no Patrimônio Intangível são:
- O valor do fundo de comércio, conhecido também como *goodwill*;
- Marcas e patentes devidamente registradas;
- Franquias para exploração de negócio;
- Contratos vencíveis de concessão de serviços públicos;
- Gastos pré-operacionais ou de organização;
- Despesas e custos diferidos.

2.4.2 Origens do patrimônio intangível

- Quando na aquisição de uma participação societária numa empresa é pago um valor maior que o do seu patrimônio líquido contábil, essa diferença a maior é denominada "ágio", ou seja, um pagamento adicional pelos benefícios futuros gerados pelo fundo de comércio, que inclui o nome da empresa e sua reputação, o *know-how*, os contratos de exclusividade, uma localização privilegiada, a fidelidade da clientela, as relações com os clientes, as relações com os fornecedores etc.
- A propriedade industrial pelo domínio de um processo de transformação, a patente de uma invenção que garanta usufruto econômico e a propriedade de uma marca comercial são valores patrimoniais reconhecidos, desde que devidamente registrados no INPI (Instituto Nacional da Propriedade Industrial). É comum o valor desses ativos no balanço patrimonial da empresa ser representado simplesmente pelas despesas de registro. Entretanto, podem ocorrer situações em que, na realidade de mercado, o seu valor é muitas vezes maior. A Contabilidade não registra esse tipo de valor potencial devido à sua volatilidade e falta de um critério confiável de avaliação.
- A propriedade do direito de exploração de um negócio, por meio de contrato de franquia, é, também, um valor patrimonial intangível enquanto vigorar o contrato assinado com o franqueador.
- A obtenção, por meio de concorrência pública, do direito contratual de explorar a prestação de um serviço público (como fornecimento de água, coleta de lixo, telefonia, distribuição de energia elétrica etc.) gera a garantia de um fluxo futuro de caixa que, de acordo com seu volume, resultará num valor econômico que se constitui em um ativo intangível.
- Todos os gastos realizados para montagem de uma atividade empresarial são considerados parte dos investimentos e segregados como ativo intangível, para amortização, a partir do início da atividade, no prazo máximo de dez anos.
- Todos os gastos realizados com projetos de produtos para lançamento no futuro são considerados diferíveis, isto é, não são registrados imediatamente em despesas, mas no imobilizado,

como ativo intangível, para amortização, a partir do lançamento do produto, no prazo de sua vida útil e no máximo em dez anos.

2.4.3 Avaliação do patrimônio intangível

Na maioria das vezes, o intangível é representado por gastos efetivos realizados; portanto, sua avaliação é extraída dos documentos de comprovação dos gastos.

Entretanto, no caso de marcas e patentes, podem surgir situações em que o mercado especula valores que fogem a qualquer critério objetivo de avaliação. Normalmente, esses valores especulativos são parte do valor do fundo de comércio, também conhecido por *goodwill*, que o mercado incorpora nas avaliações de negócios efetuadas pelo método de valor presente do fluxo futuro de caixa, descontado a uma taxa determinada de atratividade.

Eventualmente, uma marca ou patente pode ser transacionada separadamente no mercado, mas seu valor será determinado em primeiro lugar pelo vendedor, calculando o que ele perde no seu movimento econômico, e, em seguida, pelo comprador, calculando o que o item acrescenta no seu movimento econômico em termos de volume e lucratividade.

No caso de ativo intangível representado por contrato vencível de concessão de serviço público, a sua geração futura de caixa será a base para cálculo do seu valor econômico, enquanto que na propriedade do direito de franquia para exploração de um negócio o seu valor econômico é representado pelo valor do imobilizado do negócio adquirido pelo franqueado, mais o eventual valor pago ao franqueador pela aquisição do direito, no ato da assinatura do contrato.

2.5 O investimento acionário ou societário

2.5.1 Definição

Muitas pessoas e empresas possuem, como parte de seu ativo patrimonial, valores aplicados em outras empresas, sob a forma de participação permanente no capital social.

Esses valores patrimoniais são denominados, na linguagem contábil, investimentos.

Segundo as normas contábeis, esses ativos podem ser classificados em:

- **Participações minoritárias**: percentual inferior a 20% do capital da investida e sem qualquer influência do investidor na gestão dos seus negócios;
- **Participações em coligadas**: percentual igual ou inferior a 50% do capital da investida e influência significativa do investidor na gestão dos seus negócios, por exemplo a nomeação de membro do Conselho de Administração ou da Diretoria;
- **Participações em controladas**: percentual superior a 50% do capital com direito a voto da investida ou preponderância nas deliberações sociais e poder para eleger a maioria dos administradores.

2.5.2 Origens do investimento

O objetivo primordial para uma pessoa ou empresa realizar um investimento acionário ou societário é auferir lucros gerados pela empresa investida e ganhos de capital pela valorização do negócio.

No caso de empresas, podem existir outros fatores motivadores, tais como estreitamento das relações comerciais com empresa fornecedora, diversificação de negócios e até participação estratégica em atividades empresariais na cadeia de valor anterior ou a montante (*upstream*) ou na cadeia de valor posterior ou a jusante (*downstream*) do seu próprio negócio.

Na regra geral, essas aplicações são realizadas com o investimento de recursos financeiros na aquisição de participação no capital da investida, que pode ser representada por ações no caso de investimento em sociedade anônima ou por cotas de capital no caso de sociedade limitada.

2.5.3 Critérios de avaliação

O investimento acionário ou societário tem seu valor estabelecido inicialmente com base no seu preço de custo de aquisição, o qual sofrerá variações futuras baseadas no comportamento do negócio.

Os investimentos minoritários deverão ser mantidos pelo seu valor de custo original ou ajustados anualmente para menor, caso o investidor disponha de informações seguras de perdas no patrimônio líquido da investida.

Os investimentos em coligadas e controladas deverão ser ajustados anualmente, com base no procedimento denominado em Contabilidade como "equivalência patrimonial". Este é um procedimento de ajuste baseado no reconhecimento da participação atribuída ao investidor nas alterações do patrimônio líquido da investida. Exemplo:

a) Percentagem de participação no capital da investida 65%
b) Valor do patrimônio líquido da investida no último balanço .... R$ 400.000,00
c) Parcela do patrimônio líquido atribuída ao investidor (a × b) .... R$ 260.000,00
d) Valor de custo do investimento .... R$ 200.000,00
e) Valor do ajuste pelo ganho na equivalência patrimonial (c − d) .... R$ 60.000,00

2.6 O patrimônio imobilizado

2.6.1 Formas de composição do imobilizado

O imobilizado é a parte do ativo patrimonial também conhecida por ativo fixo, representada pela estrutura física adquirida para uso permanente nas atividades operacionais do proprietário até o esgotamento de sua vida útil.

Essa estrutura física é normalmente composta de imóveis (edifícios e terrenos), móveis e utensílios de escritório, equipamentos de informática (*hardware* e *software*), máquinas operatrizes e equipamentos industriais, moldes e ferramentas, veículos de passageiro ou de carga, instalações industriais e de escritório, culturas permanentes (florestas, cafezais, laranjais etc.), jazidas minerais, animais para carga ou transporte etc.

2.6.2 Origens do imobilizado

Após definida a sua atividade operacional, a pessoa ou empresa terá, forçosamente, que alocar uma parte de seu capital na aquisição do seu ativo fixo. O primeiro aspecto a ser considerado é a necessidade de um endereço de operação do imóvel, que o interessado terá de comprar por meio de uma operação realizada por escritura pública registrada em cartório, salvo se preferir as opções de alugar ou realizar uma operação de *leasing* do imóvel.

Resolvido o problema do endereço, os próximos compromissos são as aquisições dos ativos operacionais, normalmente identificados em um projeto técnico pré-operacional, e providenciados quanto às suas instalações de forma a colocar a atividade em ponto de partida.

2.6.3 Avaliação do imobilizado

O registro do imobilizado nos controles contábeis é feito no ato da aquisição pelo seu preço de custo, que pode em alguns casos ser acrescido pelos gastos com frete e instalação.

Considerando que todo imobilizado é adquirido para uso permanente até o esgotamento de sua vida útil, é forçoso reconhecer a sua perda de valor no decorrer do tempo, pelo seu uso nas operações às quais foi destinado. Para reconhecer essas perdas, de forma a retratar o valor econômico do imobilizado em uso, foi desenvolvido um sistema de cálculo de redução progressiva do valor original de custo de aquisição, conhecido nas práticas contábeis como depreciação ou amortização.

A depreciação é calculada no Brasil obedecendo a um sistema convencional de atribuir ao item imobilizado uma quantidade de anos de vida útil e, com base nesse número de anos, atribuir a cada ano a porcentagem proporcional de depreciação. Exemplo:

a) Custo de aquisição do item imobilizado..................... R$ 400.000,00
b) Vida útil atribuída ao item .... 10 anos
c) Porcentagem de depreciação anual (100/b) 10%
d) Valor da depreciação anual do item (c × a)............... R$ 40.000,00

Tomado este exemplo, podemos calcular que o valor desse item imobilizado, líquido da depreciação acumulada até o final do quarto ano de vida útil, é R$ 240.000,00.

É importante registrar que a depreciação, como forma de reconhecer o desgaste do bem imobilizado pelo seu uso, não se aplica, por razões óbvias, a terrenos imobilizados. Quanto a este item, é relevante destacar que, em toda edificação imobilizada, há de se destacar o valor do terreno, pelo fato de não ser ele depreciável.

O termo amortização aplica-se para a redução do valor de custo original, seguindo o mesmo critério de distribuição anual das reduções, quando se trata de valores imobilizados intangíveis ou de riquezas esgotáveis tais como culturas permanentes ou jazidas minerais.

2.6.4 Riscos inerentes ao imobilizado

Os destaques mais relevantes que podem ser registrados como fatores de risco do imobilizado são: (i) todo bem físico, classificável no grupo do imobilizado, sofre um processo natural de desgaste pelo tempo de vida e, também, pela fadiga de material pelo uso nas operações do negócio e (ii) todo o ativo fixo é sujeito às mais diversas formas de furtos e roubos ou de sinistros acidentais, como desastres operacionais ou atos da natureza como enchentes e terremotos.

2.6.5 Práticas de proteção do imobilizado

Duas ações importantes de aplicação, diante da realidade da existência dos riscos anteriormente citados:
- Para que se consiga a preservação da integridade dos bens imobilizados é importante a execução de um rigoroso sistema de manutenção, específico para a natureza de cada bem, em paralelo com seu uso, como parte dos custos operacionais;
- Todo ativo patrimonial deve estar devidamente segurado e o ativo fixo, particularmente, deve ser objeto de uma política realista de seguros contra as perdas contingentes anteriormente indicadas, e as coberturas por apólice devem ser contratadas com seguradora de solidez e seriedade conhecidas.

Perguntas

1. Contas a receber e aplicações financeiras são bens físicos?

2. Marcas e patentes são bens materiais?

3. O que significa a equação: **A − P = PL**?

4. O que significa a expressão "passivo a descoberto"?

5. Como se forma o patrimônio da pessoa física?

6. Como se forma o patrimônio da pessoa jurídica?

7. Se uma empresa industrial toma um empréstimo e com o dinheiro assim obtido compra máquinas e equipamentos de produção, seu patrimônio líquido aumenta?

8. Os bens materiais são registrados na Contabilidade pelo seu valor de mercado?

9. Qual é a diferença entre valor nominal e valor de mercado de um bem?

10. Quais os recursos financeiros que podem ser considerados disponíveis?

11. Debêntures de sociedades anônimas são recursos disponíveis?

12. Quais são os direitos financeiros sem disponibilidade imediata?

13. Debêntures de sociedades anônimas integram o patrimônio financeiro?

14. Como uma pessoa física pode formar seu patrimônio financeiro?

15. Como uma pessoa jurídica pode formar seu patrimônio financeiro?

16. Se uma pessoa física tem um ótimo esquema de segurança em casa e ninguém sabe os valores que ela possui, não havendo risco de roubo ou furto, o que ela estaria perdendo se guardar papel moeda em casa?

17. O que podemos fazer para proteger o dinheiro em espécie que possuímos?

18. Qual o principal indício que pode indicar que um banco tem risco de se tornar insolvente, gerando prejuízos para seus clientes?

19. Como buscar a remuneração para recursos financeiros?

20. Qual o recurso financeiro que posso destinar a uma aplicação especulativa?

21. Pode ser um bom negócio comprar uma empresa por um valor superior ao seu patrimônio líquido registrado em balanço?

22. Os estoques fazem parte do patrimônio realizável?

23. Se o meu estoque é constituído por produtos que não ficam obsoletos, que não se estragam, que ocupam pouco espaço e que dificilmente seriam roubados, o que a empresa perde se tiver estoques com pouca movimentação, ou mesmo ociosos?

24. Como são avaliados os estoques de mercadorias?

25. Em que condições os estoques podem gerar prejuízo?

26. Bens imóveis podem ser considerados contabilmente como valores a comercializar? Em quais situações?

27. Como são geradas as contas a receber?

28. O que é uma duplicata?

29. Como são avaliadas as contas a receber?

30. Quando as contas a receber podem gerar perdas?

31. O que é patrimônio intangível?

32. Quais os itens que costumam integrar o patrimônio intangível?

33. O direito de exploração de um negócio por meio de franquia integra o patrimônio intangível?

34. O que é fundo de comércio?

35. O direito contratual de explorar um serviço público integra o patrimônio intangível?

36. É possível vender uma patente no mercado?

37. Como costuma ser registrado no balanço o valor das marcas e patentes?

38. O que são participações minoritárias em empresas?

39. O que são participações em empresas coligadas?

40. O que são participações em empresas controladas?

41. Por que uma pessoa investe em ações de uma empresa? O que ela busca com isso?

42. Por que uma empresa investe em ações de outra empresa? O que ela busca com isso?

43. Que motivos, além da busca do lucro, pode ter uma empresa ao investir em ações ou quotas de outra?

44. Como são avaliados os investimentos minoritários em empresas?

45. Como são avaliados os investimentos feitos por uma empresa em empresas coligadas e controladas?

46. Quais os bens que costumam compor o ativo fixo?

47. Florestas plantadas fazem parte do ativo fixo? E florestas nativas?

48. Se a empresa decidir realizar suas operações em imóvel alugado, esse imóvel fará parte do ativo fixo da empresa?

49. Se a empresa comprou uma máquina por R$ 20.000,00, pagou R$ 500,00 para transportá-la ao local de operação, gastou R$ 1.000,00 para instalar e testar a máquina, qual o valor que deve ser registrado no ativo fixo para essa máquina?

50. O que é depreciação?

51. Um ativo intangível também sofre depreciação?

52. Quais os riscos inerentes ao imobilizado?

53. Como podemos proteger o imobilizado contra os riscos a que está sujeito?

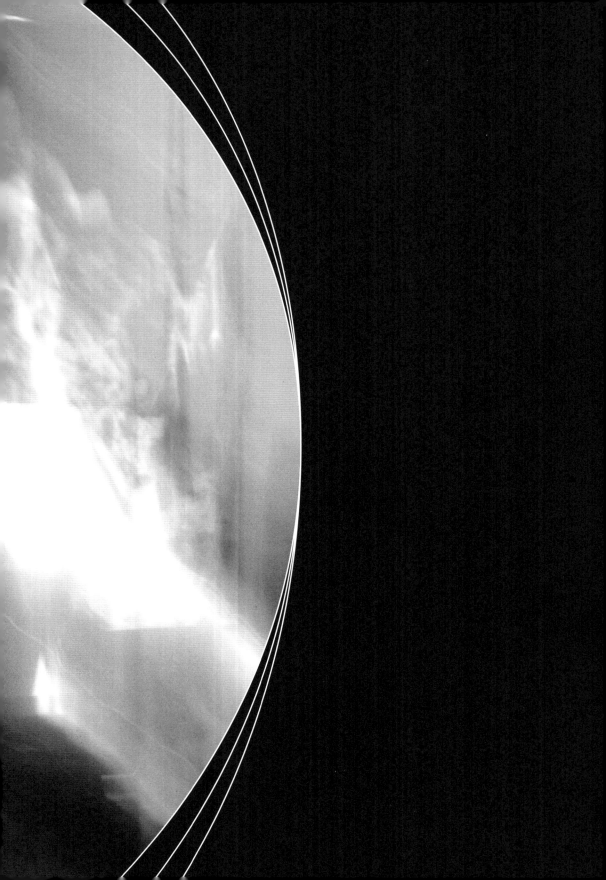

Capítulo 3

A CONTABILIDADE COMO INSTRUMENTO DE CONTROLE

3.1 Origem e desenvolvimento da Contabilidade

3.1.1 Histórico da evolução da Contabilidade

A Contabilidade é uma ciência tão antiga quanto a história da civilização. Como ferramenta de administração, vital para o registro e controle da evolução patrimonial, a dinâmica de sua mudança evoluiu em paralelo com o desenvolvimento da economia e dos mercados.

Desde o mundo antigo os sumérios e babilônios já usavam técnicas rudimentares de registro e controle da riqueza e várias citações na Bíblia comprovam que, também nos tempos bíblicos, o controle do patrimônio era prática comum.

No fim do período medieval, século XIII a século XV, a indústria artesanal e o comércio tiveram grande ímpeto, criando formas de registro e controle do patrimônio e de recebimentos e pagamentos em dinheiro.

No século XV, a Contabilidade teve grande impulso, com a criação do método de partidas dobradas e da teoria do débito e crédito, que se constituíram na base dos registros contábeis do mundo moderno e que são utilizados até os dias de hoje. Esse desenvolvimento técnico, que predominou na escola italiana de pensamento contábil, subsistiu com o florescimento da moderna escola norte-americana, influenciada pela criação das grandes empresas multinacionais e transnacionais. O crescimento e o vigor da economia norte-americana proporcionaram enorme desenvolvimento das técnicas de controles contábeis, consolidadas em um elenco de normas conhecidas por GAAP (*Generally Accepted Accounting Principles*) que influenciaram as práticas contábeis de muitos países, inclusive o Brasil.

3.1.2 Padronização internacional

No correr da história, a Contabilidade sofreu influências regionais que provocaram a prática de convenções e normas heterogêneas, as quais, com o advento da globalização, passaram a dificultar o relacionamento econômico-financeiro dos mercados internacionais.

À vista disso, os organismos profissionais de Contabilidade de vários países decidiram, de comum acordo, criar em 1973 um Comitê de pronunciamentos contábeis, com sede na Inglaterra, chamado IASC (em inglês *International Accounting Standards Committee*), com o objetivo de estabelecer, de forma independente, padrões, princípios e normas de Contabilidade que pudessem ser mundialmente aceitos.

Esse Comitê criou o IASB (*International Accounting Standards Board*), responsável pela criação dos procedimentos contábeis internacionais.

As normas produzidas pelo IASB passaram a ser conhecidas mundialmente por IFRS (*International Financial Reporting Standards*), que foram adotadas, a partir de 2005, pelos países da União Europeia. Atualmente, numerosos países, inclusive os Estados Unidos da América, por meio de projetos oficiais, decidiram pela convergência de suas normas contábeis para as normas IFRS.

No Brasil, foi criado em 2005, pela Resolução n. 1.055 do Conselho Federal de Contabilidade (CFC), um órgão denominado CPC (Comitê de Pronunciamentos Contábeis), que tem por objetivos preparar, publicar e orientar sobre pronunciamentos técnicos contábeis e cuidar da convergência para as normas internacionais de Contabilidade. Em 2007, o governo brasileiro estabeleceu pela lei n. 11.638/07 a obrigatoriedade às empresas de aderir integralmente às normas IFRS. Essa obrigação passou a vigorar para todas as empresas brasileiras a partir de 2010, conforme indicado nas Resoluções n. 1.253, 1.254 e 1255 de 10 de dezembro de 2009, 1306 de 25 de novembro de 2010 e 1315 de 09 de dezembro de 2010.

3.2 O débito e o crédito

A melhor forma para entendermos o funcionamento do débito e crédito na Contabilidade é lembrarmos o equilíbrio das colunas de valores do Balanço Patrimonial: o valor total dos bens e direitos no Ativo (coluna esquerda) é igual ao valor total das obrigações e do patrimônio líquido no Passivo (coluna direita), isto é, **A = P + PL**. Portanto, cada real aumentado no ativo, corresponderá, obrigatoriamente, a um real aumentado no passivo. Isto se chama, em Contabilidade, "partida dobrada", ou seja, para cada débito deve corresponder um crédito de igual valor.

Em Contabilidade, os valores patrimoniais são controlados analiticamente por meio de subtítulos do ativo e do passivo, chamados contas, criadas de acordo com a natureza do valor patrimonial. Os mercados em geral seguem uma padronização para os títulos das contas. Alguns exemplos: a entrada e a saída de dinheiro no patrimônio são controladas pelos registros na conta Caixa; a movimentação de mercadorias no almoxarifado é controlada por meio de registros na conta Estoques; os móveis e equipamentos de escritório adquiridos são controlados na conta Móveis e Utensílios; os aportes de recursos feitos na empresa pelos sócios são controlados por meio de registros na conta Capital.

Nota-se, portanto, que, de acordo com a natureza do valor patrimonial, a Contabilidade cria, para efeito de registro analítico do patrimônio, uma conta específica para ser debitada ou creditada conforme o tipo de fato contábil ocorrido, sempre que aquele tipo de item patrimonial for envolvido.

Tomemos, para exemplo, o registro contábil numa empresa de um aporte de capital de R$ 10.000,00 feito por um sócio. Pela entrada do dinheiro na empresa, far-se-á um débito no ativo, na conta Caixa, de R$ 10.000,00 e, pelo pagamento feito pelo sócio, um crédito no passivo, na conta Capital, de R$ 10.000,00. Esse é o conceito básico dos lançamentos contábeis das variações patrimoniais, ou seja, o registro simultâneo de um débito e de um crédito pelo mesmo valor.

Em Contabilidade, a estrutura gráfica do Balanço Patrimonial é apresentada em duas colunas paralelas, relacionando os valores das contas do ativo do lado esquerdo (saldos devedores) e os valores das contas do passivo do lado direito (saldos credores). Esse conceito prevalece para todos os procedimentos de registro contábil, isto é, os débitos do lado esquerdo e os créditos do lado direito.

Considerando, para fins puramente didáticos, que as contas "entregam" e "recebem" valores da empresa, podemos dizer que as contas do passivo indicam os valores "entregues" à empresa, logo têm saldo credor em relação a ela, e as contas do ativo indicam valores "recebidos" da empresa, logo têm saldo devedor em relação a ela.

Assim sendo, pelo exemplo anterior de aporte de capital, teremos graficamente a conta Caixa com um valor no lado esquerdo de

R$ 10.000,00 (saldo devedor) e a conta Capital com um valor no lado direito de R$ 10.000,00 (saldo credor), como indicado a seguir:

D	Caixa	C	D	Capital	C
R$ 10.000,00					R$ 10.000,00

Respeitado esse conceito, podemos entender que o ativo cresce com os débitos que recebe e diminui com os créditos, e o passivo cresce com os créditos que recebe e diminui com os débitos. É importante gravar esse entendimento.

Se com o dinheiro debitado na conta Caixa comprarmos mercadorias no valor de R$ 5.000,00, teremos uma permuta entre contas do ativo e o lançamento desse fato será (i) um crédito de R$ 5.000,00 na conta Caixa pela saída do dinheiro, pois a Caixa "entregou" dinheiro e (ii) um débito pelo mesmo valor na conta Estoques, pela entrada das mercadorias no almoxarifado que as "recebeu", ambas contas do ativo. Considerados esses exemplos de aporte de capital e compra de mercadorias, podemos notar a seguir que a conta Caixa apresenta no lado esquerdo um débito de R$ 10.000,00 pelo aporte de capital e do lado direito um crédito de R$ 5.000,00 pelo pagamento da compra de estoque. Portanto, temos um saldo nessa conta de R$ 5.000,00, isto é, R$ 10.000,00 que entraram a débito pelo aporte de capital, menos R$ 5.000,00 que entraram a crédito, gastos com a compra de mercadorias.

Vejamos os valores refletidos nas contas citadas:

D	Caixa	C
R$ 10.000,00 (i)		R$ 5.000,00 (ii)

D	Capital	C
		R$ 10.000,00 (i)

D	Estoques	C
R$ 5.000,00(ii)		

(i) Aporte de capital
(ii) Compra de mercadorias

Tomados esses exemplos de lançamento, podemos apresentar graficamente a situação patrimonial, após esses fatos, com base no saldo das contas como segue:

Ativo (saldos devedores)		Passivo (saldos credores)	
Caixa	R$ 5.000,00		
Estoques	R$ 5.000,00	Capital	R$ 10.000,00
Total	**R$ 10.000,00**	**Total**	**R$ 10.000,00**

Recapitulando: débito no Ativo   = aumento do saldo

crédito no Ativo   = diminuição do saldo

débito no Passivo   = diminuição do saldo

crédito no Passivo = aumento do saldo

3.3 O plano de contas

A estrutura de movimentação dos registros e controles na Contabilidade tem como base a realização de débitos e créditos num conjunto de contas que são criadas para registro, análise e demonstração da situação patrimonial.

Para que o elenco de contas seja padronizado, toda Contabilidade possui a sua relação de contas registradas em um instrumento contábil denominado "plano de contas", que é esse conjunto de contas, sob a responsabilidade do contador, devidamente classificadas, codificadas e conceituadas, nas quais são lançados os registros de seus débitos e créditos. As contas são alinhadas seguindo a ordem: ativo, passivo, receitas, custos e despesas.

O número de contas criadas para controle contábil é livre, a critério do contador ou de seu superior, dependendo da extensão de análise requerida pela administração da empresa. Por exemplo, se temos dois almoxarifados na empresa, podemos criar uma conta de Estoques-A para um e outra de Estoques-B para outro.

Além da denominação técnica, as contas podem receber um código numérico de identificação, que também facilita o uso de processamento eletrônico nos registros e controles contábeis.

Exemplificando, um plano de contas padrão pode ter a seguinte estrutura, com as contas de uso mais comum nas empresas:

100 – Ativo
101 – Caixa (dinheiro em espécie)
102 – Bancos conta movimento (saldos depositados para saque)
103 – Estoques (almoxarifados)
104 – Duplicatas a receber (vendas a prazo vencíveis até 12 meses)
105 – Outras contas a receber (outros títulos vencíveis até 12 meses)
110 – Realizável a longo prazo (recebíveis a mais de 12 meses)
120 – Investimentos (aplicações no capital de outras empresas)
130 – Imobilizado (ativo fixo de uso)

200 – Passivo
201 – Fornecedores (compras a prazo vencíveis até 12 meses)
202 – Empréstimos bancários (vencíveis até 12 meses)
203 – Salários a pagar (valores não pagos da folha de salários)
204 – Impostos a pagar (tributos devidos e não pagos)
205 – Outras contas a pagar (outros títulos vencíveis até 12 meses)
210 – Exigível a longo prazo (obrigações vencíveis a mais de 12 meses)
220 – Capital (aportes de recursos feitos pelos sócios ou acionistas)
221 – Reservas de capital (valores de doações e subvenções recebidas)
222 – Ajustes de avaliação patrimonial (ajustes de ativo a mercado)
223 – Reservas de lucro (lucros retidos para destinação específica)
224 – Resultado do exercício (lucro ou prejuízo das operações)

O resultado das operações é calculado pela fórmula: lucro ou prejuízo = RL – CPV – DO, que indica que o lucro ou prejuízo é igual à soma das receitas líquidas (receita bruta menos impostos sobre vendas), menos a soma dos custos dos produtos ou serviços vendidos e menos a soma das despesas operacionais. A conta 224, Resultado do Exercício, é desmembrada em contas analíticas, que, simplificadamente, podem ser:

300 – Receitas
301 – Vendas de mercadorias (valor da comercialização de estoques)
302 – Vendas de serviços (valor da comercialização de serviços prestados)
310 – Impostos sobre as vendas (valor a recolher pelas vendas efetuadas) (Essa conta 310 é redutora das receitas)

400 – Custos de vendas
401 – Custo dos produtos vendidos (custo de aquisição dos produtos)
402 – Custo dos serviços vendidos (custo incorrido para prestar o serviço)
410 – Custo do material (custo da matéria-prima na fabricação)
411 – Custo da mão de obra direta (custo da mão de obra na fabricação)
412 – Gastos gerais de fabricação (gastos indiretos na fabricação)

500 – Despesas operacionais
501 – Despesas administrativas (gastos na administração e controles)
502 – Despesas comerciais (gastos de vendas, comissão, propaganda etc.)
503 – Despesas financeiras (gastos com juros e despesas bancárias)
504 – Receitas financeiras (juros ativos recebidos sobre aplicações financeiras)

Para efeito de demonstração do resultado, o saldo dessa conta 504 é apresentado em conjunto com o da conta 503.

Note que as contas de custos 410, 411 e 412 são de uso exclusivo nas empresas industriais. É pela soma dos saldos dessas três contas que a empresa apura o custo de fabricação dos produtos que ela vende.

Uma empresa de comércio de bens, como uma loja de roupas ou de eletrodomésticos, registrará seus custos de venda somente na conta 401.

3.4 Princípios e políticas contábeis

3.4.1 Considerações gerais sobre normas contábeis

Estabelecidos ou não em normas técnicas oficiais, todos os países têm seus controles contábeis do patrimônio estruturados em consonância com postulados, princípios e políticas que, no conjunto, garantem a plena aplicabilidade das ciências contábeis no universo econômico-financeiro, como ferramenta imprescindível e confiável de administração e controle.

Com a recente decisão oficial da maioria dos países de adotar as normas internacionais IFRS (*International Financial Reporting Standards*), os princípios fundamentais de Contabilidade deverão, por obviedade, sofrer uma padronização universal. Entretanto, qualquer que seja a orientação de aderência às IFRS, não deverá ocorrer uma padronização universal que se afaste muito do que já havia sido estabelecido no Brasil pelo Conselho Federal de Contabilidade na Resolução n. 750 de 29.12.1993, agora adaptado aos padrões internacionais pela Resolução n. 1255 de 10.12.2009.

3.4.2 Pressupostos fundamentais

No âmbito universal, as ciências contábeis devem, em primeiro lugar, observar três pressupostos fundamentais, sendo o primeiro o da continuidade, o segundo o da consistência e o terceiro o da competência.

Continuidade

O primeiro pressuposto, que é o da continuidade, leva a Contabilidade a tratar a entidade (empresa, cooperativa, clube, associação de moradores, condomínio de prédio, partido político ou qualquer outra pessoa jurídica) como um organismo vivo criado para viver por tempo indeterminado e capaz de gerar valores ou serviços num futuro previsível.

A importância deste pressuposto tem a ver com o valor econômico do patrimônio contábil, que só poderá ser reconhecido como realidade econômica confiável se puder ser identificada a capacidade de continuidade de vida da entidade, na busca do seu objeto social.

Uma entidade com perspectiva de descontinuar suas operações terá, com certeza, o seu valor patrimonial comprometido pelos efeitos da avaliação negativa do mercado num processo de liquidação.

Consistência

O segundo pressuposto, que é o da consistência, estabelece que as políticas contábeis precisem ser mantidas uniformes, de forma a possibilitar a análise de comparação da situação patrimonial entre períodos.

Pela comparação, pode-se identificar as tendências da evolução patrimonial e com isso avaliar melhor, de forma prospectiva, a situação futura do patrimônio.

Competência

O último pressuposto, que é o da competência, estabelece que as variações patrimoniais decorrentes da realização de receitas e de custos e despesas devem ser registradas no momento de sua ocorrência, independentemente da efetivação do recebimento ou pagamento. A isto se chama regime de competência e indica que o reconhecimento da receita é no momento da efetivação do negócio e independe do recebimento do dinheiro e o registro dos custos e despesas é no ato de sua ocorrência e independe do seu efetivo pagamento. Isso pode ser facilmente compreendido ao se fazer uma compra a prazo, por exemplo.

O simples controle contábil de recebimentos e pagamentos é conhecido por regime de caixa e não é apropriado para refletir de forma integral e tempestiva as variações patrimoniais.

Outro aspecto relevante a ser observado na estruturação dos controles contábeis é a prática de políticas que englobam princípios e fundamentos que, no conjunto, garantem a apresentação apropriada da situação patrimonial.

3.4.3 Princípios dos controles contábeis

Os seguintes princípios devem nortear os controles contábeis:

- **Oportunidade:** refere-se ao momento em que devem ser registradas as variações patrimoniais. O fato contábil tem que ser reconhecido nos registros contábeis tempestiva e imediatamente à sua ocorrência, contemplando todos os aspectos físicos e monetários. O valor indicado para o patrimônio deve, tanto quanto possível, espelhar sem omissões a realidade de cada momento.

- **Prudência:** na hipótese de duas opções, igualmente válidas, para quantificação e registro de uma variação patrimonial, será tomado o menor valor para receitas, bens e direitos e o maior valor para despesas ou obrigações. Essa orientação visa a refletir na Contabilidade um valor patrimonial líquido conservador e o mais próximo possível da prudente segurança.

- **Materialidade:** os registros contábeis sempre observarão o critério de clareza e capacidade de análise, respeitando a sua relevância na relação custo/benefício. Fatos de valor insignificante serão tratados contabilmente de forma agregada, por lotes ou períodos. Dessa forma, o detalhamento dos registros e dos controles será sempre estabelecido considerando uma relação direta entre o valor do fato contábil e os valores globais das operações e do patrimônio, de forma a evitar esforço de gestão para ocorrências irrelevantes.
  Fatos de baixa materialidade deverão ser tratados de forma aglomerada, com base em quantidade de casos ou em partidas periódicas semanais ou mensais. Por exemplo, os valores das caixas pequenas destinados a pequenas despesas.

- **Prevalência da essência sobre a forma:** as transações e demais ocorrências de natureza contábil devem ser interpretadas e registradas tomando em consideração a substância e a realidade financeira, e não apenas a sua forma legal. É, portanto, a essência que deverá prevalecer no registro contábil e não a forma. Não raro, a forma jurídica pode deixar de retratar a essência econômica e, nessas situações, a Contabilidade deve seguir a essência em vez da forma. Por exemplo, uma empresa vende um ativo, mas assume o compromisso de recomprá-lo por um valor já determinado em certa data. Essa formalidade deve ensejar a contabilização de uma operação de financiamento (essência) e não de compra e venda (forma).

Concluindo, podemos assegurar que um patrimônio cujos controles contábeis não observem rigorosamente tudo o que foi estabelecido neste item sobre princípios e políticas de controle não terá uma avaliação contábil confiável e seus registros não oferecerão condições aceitáveis de segurança, para efeito de boa gestão patrimonial e para informar ou produzir prova perante terceiros.

3.5 Mensuração dos valores patrimoniais — valores de custo e de mercado

O valor do patrimônio é identificado em unidades monetárias da moeda oficial do país (o Real no Brasil) e sua quantificação deve observar regras contábeis que garantam a informação do valor correto do patrimônio líquido.

Os itens financeiros do patrimônio (depósitos bancários, contas a pagar e contas a receber) são avaliados pelo valor nominal dos títulos ou contratos, acrescidos de encargos contratuais vencidos.

Sempre que um ativo apresentar um valor de custo de aquisição ou fabricação incompatível com o seu valor de realização, uso ou venda, em condições normais de mercado, as normas contábeis exigirão a realização de ajustes para adequar o patrimônio líquido ao seu valor justo. Entende-se como valor justo nos controles contábeis aquele preço que pode ser livremente acordado em transações entre compradores e vendedores interessados em realizá-las, sem favorecimento a qualquer das partes.

Tomando, por exemplo, a conta estoques, todos os materiais e mercadorias, adquiridos ou fabricados, devem ser avaliados pelo valor de custo ou pelo valor de mercado, dos dois o menor. Nesse caso, entende-se por custo do estoque o custo de aquisição ou transformação, nele incluídos os impostos pagos não recuperáveis e outros custos incorridos para trazer o estoque à sua condição de utilização: fretes, seguros, embalagens etc. Entende-se por valor de mercado aquele obtido em cotação nos principais fornecedores ou atribuídos a estoques danificados ou obsoletos que, nessa condição, têm de ter seus valores reduzidos à nova realidade de valor econômico, para estarem consistentes com a regra geral de que ativos não devem ser avaliados por quantias superiores àquelas que se espera que sejam realizadas pela sua venda ou uso.

No caso do imobilizado, a sua avaliação deve ser feita pelo custo de aquisição, acrescido dos impostos não recuperáveis e dos custos incorridos para colocá-lo em condições de uso: frete, seguros, instalações etc. Após a sua entrada em uso, o imobilizado deve ser avaliado pelo seu custo menos a depreciação acumulada até a data, calculada com base na vida útil do bem. Pelo menos uma vez ao ano o imobilizado deve ter o seu valor justo de recuperação revisto e, caso seja menor que o valor de registro contábil, deverá ser feito um ajuste contra provisão para perdas para refletir a redução do valor patrimonial. O item do imobilizado que tiver sua utilidade original reduzida deverá, também, ter seu valor revisto, contra provisão para perda, para refletir seu real valor econômico no contexto de futura geração de ganhos patrimoniais.

3.6 A formação do ativo patrimonial

O ativo patrimonial representa aplicações de capital que, no âmbito da pessoa física, são geralmente formadas por valores representativos de poupança financeira, imóveis e móveis de uso próprio e investimentos especulativos ou como reserva de valor. No âmbito da pessoa jurídica, o ativo patrimonial normalmente compõe-se de aplicações em imobilizado de uso, contas a receber no curto prazo (até 12 meses) ou realizáveis a longo prazo (mais de 12 meses), componentes do capital de giro operacional geradores dos resultados, tais como estoques, financiamentos de vendas, aplicações financeiras e em valores disponíveis ou de fácil liquidez.

3.7 A formação do passivo patrimonial

Relembrando a equação fundamental do balanço (A − P = PL ou A = P + PL), que indica que o total do ativo é, necessariamente, igual ao total do passivo (obrigações, ou passivo exigível, mais patrimônio líquido), a formação do passivo patrimonial processa-se na exata proporção das aplicações de capital na formação do ativo.

O passivo é, portanto, a indicação detalhada das origens dos recursos aplicados nos bens e direitos detalhados no ativo, ou seja, o passivo indica de onde vieram os recursos e o ativo, para onde foram esses recursos.

Os recursos podem ser originados de duas fontes: capital próprio ou capital de terceiros.

O capital próprio, no caso de pessoa física, são os recursos financeiros aplicados na formação do patrimônio pelo seu titular e, no caso de pessoa jurídica, pelos aportes de capital e retenção de lucros, formadores do patrimônio líquido, efetuados pelos sócios ou acionistas.

O capital de terceiros é a utilização do crédito, pela assunção de obrigações, geralmente junto a fornecedores, bancos ou investidores, para complementar o valor das aplicações no ativo, quando estas excederem a capacidade de aportes de capital próprio.

3.8 Estrutura contábil do balanço patrimonial

3.8.1 O balanço patrimonial e sua evolução

O balanço patrimonial é o demonstrativo mais importante extraído dos controles contábeis e representa um retrato completo da situação patrimonial em determinada data.

Como o patrimônio evolui continuamente, essa dinâmica provoca constantes mudanças na situação patrimonial. Por essa razão, a preparação de um balanço patrimonial deve ser feita com intervalos mínimos, que permitam o acompanhamento e análise para tomada de decisões, a fim de garantir as metas de uma boa gestão. A prática universal mais comum é retratar a posição do patrimônio em bases mensais.

A preparação do balanço não implica qualquer interferência no processo operacional. Basta que se eleja uma data, por exemplo, o último dia do mês, e, depois de realizados todos os lançamentos até a data, relacionam-se em duas colunas os valores das contas do ativo com saldo devedor no lado esquerdo e os valores das contas do passivo com saldo credor no lado direito. O valor total da coluna do lado esquerdo (devedor) será obrigatoriamente igual ao total da coluna do lado direito (credor).

3.8.2 Classificação das contas nos grandes grupos do balanço

De posse dessa relação de saldos, que na linguagem contábil é chamada "balancete", já pode ser preparado o balanço patrimonial na forma gráfica padrão de uso universal, que agrupa as contas do ativo, em dois grandes grupos: circulante e não circulante, e as contas do passivo, em três grandes grupos: circulante, não circulante e patrimônio líquido.

No ativo circulante, classificam-se:
- Contas representativas de valores disponíveis (caixa, saldos bancários, aplicações financeiras etc.);
- Contas a receber vencíveis no curto prazo (até 12 meses da data do balanço) e
- Contas de valores de giro no curto prazo (estoques de matérias-primas para processamento, material de consumo e de mercadorias, produtos e bens para venda).

No ativo não circulante classificam-se:
- Contas a receber vencíveis a longo prazo (mais de 12 meses da data do balanço);
- Outros ativos realizáveis a longo prazo, tais como depósitos em caução e tributos a recuperar;
- Contas de investimentos permanentes no capital de empresas coligadas e controladas, as contas do imobilizado de uso, também denominado ativo fixo (edifícios, terrenos, móveis e utensílios, máquinas e equipamentos, instalações, veículos etc.) e
- Ativos intangíveis tais como marcas e patentes e despesas diferidas.

O termo "realizável a longo prazo" em Contabilidade é usado para qualificar o ativo que será convertido em dinheiro a mais de doze meses da data do balanço.

No passivo circulante classificam-se as contas a pagar: empréstimos e obrigações de curto prazo (vencíveis em até 12 meses da data do balanço).

No passivo não circulante classificam-se as contas a pagar: empréstimos e obrigações de longo prazo (vencíveis a mais de 12 meses da data do balanço).

No patrimônio líquido classificam-se:
- A conta capital, que reflete o total de recursos aportados até a data pelos proprietários;
- As contas de reservas, resultantes de ajustes de elementos do ativo a preço de mercado e resultantes de doações e subvenções;
- As contas representativas dos saldos de lucros retidos em reservas para fins predeterminados e
- A conta de resultado do exercício que, embora seja parte do patrimônio líquido no passivo, pode ter saldo credor ou devedor. Se com saldo credor, representa lucros disponíveis para distribuição aos sócios ou acionistas e, se com saldo devedor, diminuindo o patrimônio líquido, representa prejuízos realizados nas operações.

Resumindo, verifica-se que essa forma padronizada de apresentação do balanço patrimonial separa os ativos em dois grupos: o circulante, que são os valores disponíveis e os realizáveis no curto prazo (até 12 meses); e o não circulante, que são os valores realizáveis a longo prazo (mais de 12 meses) e os valores dos investimentos, os valores do ativo fixo e os valores dos intangíveis. O passivo, por sua vez, é dividido em três grupos: o circulante, que são os valores do exigível a curto prazo (até 12 meses); o não circulante, que são os valores do exigível a longo prazo (mais de 12 meses), ambos representativos do capital de terceiros; e o patrimônio líquido, que são as contas do capital, das reservas e dos lucros acumulados, representativas do capital próprio.

A seguir, temos um modelo-padrão de análise do patrimônio, com valores para simples exemplo, desprezados os centavos, da forma de decomposição dos valores patrimoniais no balanço de uma empresa:

Empresa Brasileira de Serviços S.A.
Balanço patrimonial encerrado em 31.12.2010
(Em milhares de Reais)

Ativo	R$	Passivo	R$
Circulante	**300.000**	**Circulante**	**250.000**
Caixa e bancos	2.000	Fornecedores	70.000
Aplicações financeiras	15.000	Empréstimos bancários	80.000
Estoques	80.000	Impostos a pagar	40.000
Duplicatas a receber	203.000	Outras contas a pagar	60.000
Não circulante	**2.700.000**	**Não circulante**	**800.000**
Realizável a longo prazo	**150.000**	**Exigível a longo prazo**	**800.000**
Empréstimo a controlada	150.000	Financiamentos de longo prazo	800.000
Investimentos	**300.000**		
Participações em controladas	300.000		
		Patrimônio líquido	**1.950.000**
Imobilizado	**2.200.000**	Capital	1.600.000
Edifícios	500.000	Reservas de capital	30.000
Terrenos	200.000	Reservas de lucros	120.000
Móveis e utensílios	60.000	Resultado do exercício	200.000
Máquinas e equipamentos	940.000		
Instalações	150.000		
Veículos	350.000		
Intangível	**50.000**		
Marcas e patentes	50.000		
Total	**3.000.000**	**Total**	**3.000.000**

3.9 Notas explicativas da situação patrimonial

O balanço patrimonial deve ser obrigatoriamente acompanhado de notas explicativas, com informações adicionais àquelas apresentadas nas demonstrações financeiras exigidas por lei. As notas explicativas fornecem descrições narrativas e detalhes dos itens mais relevantes apresentados nas demonstrações financeiras e, ainda, o domicílio e forma legal da entidade, suas políticas contábeis e a descrição da natureza das operações e principais atividades.

Além disso, as notas explicativas devem incluir informações sobre os principais pressupostos relativos ao futuro ou fontes de incerteza que, na data da divulgação, possam provocar modificação material nos valores patrimoniais reportados.

Perguntas

1. A Contabilidade começou com a Revolução Industrial?

2. O que são as contas na Contabilidade de uma organização? Para que servem?

3. Posso registrar um débito sem registrar um crédito correspondente?

4. Por que as contas do ativo têm saldo devedor e as contas do passivo têm saldo credor?

5. Quando uma conta do ativo recebe um crédito, o saldo aí registrado aumenta ou diminui?

6. Se a empresa compra uma mercadoria à vista em dinheiro, o que acontece com a conta caixa? E se a empresa vende uma mercadoria à vista em dinheiro, o que acontece com essa conta?

7. O que é o plano de contas de uma empresa?

8. O que é registrado em contas a receber? E em contas a pagar?

9. Em que conta são registrados e controlados os aportes de recursos feitos pelos sócios e acionistas?

10. Como é calculado o resultado do exercício?

11. Quais são os pressupostos fundamentais da Contabilidade?

12. Em que consiste o regime de competência? E o regime de caixa? Qual dos dois é usado em Contabilidade?

13. Posso registrar em euros a Contabilidade de uma empresa brasileira, que opere no nosso país?

14. O que se denomina o valor justo de um bem?

15. De quais itens é constituído o ativo patrimonial de uma pessoa física?

16. Como é formado o capital próprio no caso de pessoas jurídicas?

17. Em que consiste o capital de terceiros no caso de pessoas jurídicas?

18. O que se considera, normalmente, como longo prazo em Contabilidade?

19. Quais as contas que formam o patrimônio líquido?

20. O que são as notas explicativas do balanço patrimonial?

Capítulo 4

ESTRUTURA OPERACIONAL DA CONTABILIDADE

4.1 O lançamento de fato contábil e os livros básicos

4.1.1 Lançamento de fato contábil

Sendo a Contabilidade o instrumento universal de registro e controle das evoluções patrimoniais, é importante conhecermos a base da sua estrutura, que é o lançamento do fato contábil.

Denominamos fato contábil a todo evento que cause um aumento ou diminuição do valor líquido do patrimônio ou uma mudança em sua composição. Sempre lembrando que a situação patrimonial é composta de bens e direitos (ativo), obrigações (passivo) e capital, reservas e lucros retidos (patrimônio líquido).

Exemplos de eventos que exigem lançamentos contábeis:

- Se incorrermos em uma despesa, diminuímos o patrimônio. Se ocorrer, por exemplo, uma obsolescência nos estoques de mercadorias assumiremos uma perda e, portanto, uma diminuição patrimonial.
- Se realizarmos uma receita de venda, cujo preço cobrado seja maior que a soma do seu custo mais despesas operacionais, apuraremos um lucro e, com ele, efetivaremos um aumento no patrimônio.
- Se efetuarmos a venda de um bem do ativo imobilizado, cujo preço cobrado seja superior ao seu custo contábil, realizaremos um ganho de capital e, por consequência, um aumento do patrimônio. Se, ao contrário, o custo contábil do bem alienado for superior ao preço de venda, realizaremos uma perda de capital e, por consequência, diminuiremos o valor do patrimônio.
- Se adquirirmos com pagamento à vista um bem do ativo imobilizado, como um veículo, realizaremos uma simples mudança de composição do patrimônio, sem alterar o seu valor líquido, aumentando o ativo imobilizado e diminuindo, pelo mesmo valor o ativo disponível.
- O mesmo ocorre se tomarmos um empréstimo. Se o banco me emprestar R$ 100.000,00, darei entrada do valor no ativo

disponível e registrarei no passivo exigível o valor a pagar, não alterando, portanto, o patrimônio líquido.

4.1.2 Os livros básicos

O livro diário

A Contabilidade tem como instrumento principal de sua estrutura operacional um sistema de registro cronológico, convencionalmente denominado "livro diário", que não pode ter rasuras ou linhas em branco, pode ser em brochura ou em folhas soltas, a serem posteriormente encadernadas, sempre com numeração tipográfica sequencial. Esse registro tem a finalidade de acolher todos os lançamentos contábeis que são realizados pelo método de partidas dobradas, em duas colunas, uma para débitos e outra para créditos, que é bem simples: para cada um ou mais débitos, deve corresponder um ou mais créditos de forma que o valor total dos créditos seja sempre igual ao valor total dos débitos em cada lançamento, o qual é composto pelos seguintes dados:

- Data do fato;
- Indicação da(s) conta(s) a ser(em) debitada(s);
- Indicação da(s) conta(s) a ser(em) creditada(s);
- Valor do fato, na moeda corrente, a ser lançado em cada conta, se a débito ou a crédito, conforme indicado anteriormente;
- Histórico descritivo do fato.

Ao encerrar o exercício social, que deve ocorrer pelo menos uma vez por ano calendário e após o registro do último lançamento do exercício, devem ser transcritos no diário o balanço patrimonial e a demonstração do resultado do exercício, com a assinatura do responsável pela empresa e por contabilista habilitado. Se o registro é em folhas soltas, deverá ser feita a encadernação das folhas sequencialmente numeradas do exercício.

Sendo o diário um registro legal, ele deve ter registrado na primeira página um termo de abertura e na última página um termo de encerramento, onde deverão constar:

- A finalidade do livro;
- Seu número de ordem;
- A quantidade de páginas;
- A razão social da empresa e seu número de registro no CNPJ e no Registro de Comércio;
- Local e data.

Todo livro diário precisa ser autenticado no Registro Público de Empresas Mercantis.

O livro razão

Para controlar a evolução dos débitos e créditos em cada conta, a Contabilidade utiliza-se de outro registro denominado convencionalmente "livro razão", que é o controle individual dos saldos de cada uma das contas indicadas pelos lançamentos no livro diário.

Em cada conta no livro razão é feito o lançamento do valor do fato contábil, indicando a data e o valor identificado se a débito ou a crédito, apurando-se simultaneamente o saldo da conta, se devedor (D) ou credor (C). Vejamos como exemplo uma movimentação simulada no livro razão da conta caixa:

Conta caixa

Data	Débito	Crédito	Saldo	D/C
25.10.2012	R$ 20.000,00		R$ 20.000,00	D
26.10.2012	R$ 15.000,00		R$ 35.000,00	D
29.10.2012		R$ 18.000,00	R$ 17.000,00	D
30.10.2012		R$ 12.000,00	R$ 5.000,00	D

Nota-se, portanto, que o lançamento contábil completa-se após o registro do fato no diário e, simultaneamente, no razão, escrevendo o valor na conta devedora e na conta credora, respeitando o método de partida dobrada.

4.1.3 Lançamento simples e lançamento composto

É importante notar que o lançamento pode ser simples ou composto. É simples quando o valor do débito vai para uma só conta e o valor do crédito, no mesmo valor, também vai para uma só conta. Será, entretanto, composto o lançamento que, no débito ou no crédito, movimentar mais de uma conta.

Exemplo de um lançamento composto: compra de R$ 50.000,00 em mercadorias, com uma entrada de R$ 10.000,00 paga à vista e o saldo de R$ 40.000,00 para pagamento a prazo:

Data	Histórico	Débito	Crédito
29.10.2012	Compra de mercadorias conforme Nota		
	Fiscal n. 0001 da empresa X		
	Conta estoques	R$ 50.000,00	
	Conta caixa		R$ 10.000,00
	Conta fornecedores		R$ 40.000,00

4.2 O controle analítico dos valores patrimoniais

4.2.1 Detalhamento do plano de contas

Já aprendemos que as contas são criadas no plano de contas de acordo com os critérios de cada gestor dos controles contábeis, conforme o detalhamento desejado para a análise da demonstração patrimonial. Assim é que o plano de contas terá tantas contas quanto for o interesse dos administradores de ter detalhado o seu balanço patrimonial.

Podemos notar que, no geral, as empresas tendem a seguir um padrão de detalhamento de contas nos moldes daquele indicado no Capítulo 3, seção 3.3.

4.2.2 Contas sintéticas e subcontas

Como cada natureza de item patrimonial é controlada por uma conta específica, surge a questão de como controlar os valores patrimoniais analíticos tais como saldos bancários por banco, contas a receber por cliente, contas a pagar por credor, contas de estoque por tipo de mercadoria etc.

Para esse controle a Contabilidade utiliza-se de subcontas analíticas de detalhamento do saldo na conta sintética do plano de contas. Tomando por exemplo o saldo disponível em bancos, a Contabilidade tem uma conta sintética no plano de contas, que geralmente é denominada bancos conta movimento. Todo lançamento feito nessa conta é simultaneamente feito, também, na conta analítica bancos conta movimento-Banco X, com a mesma forma gráfica de registro, na qual é controlado o saldo naquele banco específico. Obviamente, a soma dos saldos das contas analíticas nos diversos bancos deve ser igual ao saldo na conta sintética. Outro exemplo são as contas a receber ou, mais comumente nas empresas comerciais, as duplicatas a receber. Nesse caso, o plano de contas terá uma conta sintética sob esse título e todo lançamento nessa conta terá o seu registro simultâneo, também, na conta analítica duplicatas a receber (Cliente X), de controle do saldo por cliente devedor. Lembrando novamente que a soma dos saldos das contas analíticas deve ser igual ao saldo da conta sintética. Vejamos um exemplo prático de uma venda a prazo de R$ 40.000,00, sendo R$ 10.000,00 ao cliente X e R$ 30.000,00 ao cliente Y, e o subsequente pagamento de 50% da dívida de cada um:

Conta duplicatas a receber (sintética)

	Débito	Crédito	Saldo	D/C
25.10.2012	R$ 40.000,00		R$ 40.000,00	D
25.11.2012		R$ 20.000,00	R$ 20.000,00	D

Conta duplicatas a receber – Cliente X (analítica)

	Débito	Crédito	Saldo	D/C
25.10.2012	R$ 10.000,00		R$ 10.000,00	D
25.11.2012		R$ 5.000,00	R$ 5.000,00	D

Conta duplicatas a receber – Cliente Y (analítica)				
	Débito	Crédito	Saldo	D/C
25.10.2012	R$ 30.000,00		R$ 30.000,00	D
25.11.2012		R$ 15.000,00	R$ 15.000,00	D

Note que a soma dos saldos das contas analíticas, em cada data, é igual ao saldo na conta sintética.

Esses controles analíticos das contas patrimoniais sintéticas são conhecidos em Contabilidade como "razão auxiliar". Dito isso, podemos concluir que os lançamentos contábeis, quando envolverem controles analíticos, são executados em três registros básicos: livro diário, livro razão geral e livro razão auxiliar.

4.3 O controle financeiro – caixa e bancos

4.3.1 Importância do ativo disponível

Um dos elementos de mais alta sensibilidade na estrutura patrimonial é o ativo disponível. Não só porque ele representa a capacidade de liquidez imediata do proprietário, mas, principalmente, porque é nele que está concentrada a cobiça da sociedade pelo seu domínio e propriedade. Você não controla cada folha de papel no seu estoque de papelaria, mas deve controlar cada centavo em suas disponibilidades financeiras.

4.3.2 Controle da liquidez financeira

Entendidos esses pressupostos, voltemos à Contabilidade para verificar os procedimentos de controle criados para ajudar a garantir a liquidez financeira e a segurança das disponibilidades.

Apuração diária

A primeira característica a ser destacada é que o controle financeiro é o único na estrutura de controles contábeis que exige, sem exceção, uma apuração *diária*, nos livros de razão auxiliar, dos saldos de caixa e de bancos.

Guarda de dinheiro em espécie

Outra característica relevante da gestão financeira é o grau de segurança na guarda dos recursos, que, diferentemente dos demais itens patrimoniais, exige proteção especial. Dinheiro em mãos exige cofres com segredos sob responsabilidade de pessoal responsável, ressalvado que, sempre que possível, a guarda de dinheiro em espécie deve ser evitada, por meio do seu imediato depósito em instituição bancária. Saldos de caixa só devem ser mantidos em mãos, em valores de pouca monta, para atender gastos de compras miúdas, condução, gorjetas etc.

Seleção da instituição financeira

Não deve, ainda, ser relevada a importância de selecionar com cuidado a instituição financeira a quem confiar a guarda de seus recursos disponíveis ou com quem aplicá-los. Como toda disponibilidade tem a faculdade de gerar uma receita pela sua aplicação mediante recebimento de juros, é comum o proprietário do dinheiro ser atraído por propostas de remuneração de juros mais atrativas que a média do mercado.

Não é incomum essas ofertas de taxas mais competitivas resultarem, mais à frente, em dificuldades de recuperação do dinheiro aplicado.

As disponibilidades

Como vimos no Capítulo 2, as disponibilidades são valores patrimoniais representados por dinheiro em espécie, por valores depositados em banco, em conta movimento para saque contra cheque ou cartão, por valores de aplicação financeira junto a bancos, com direito de resgate imediato ou, excepcionalmente, por joias e metais preciosos certificados, depositados em custódia bancária.

Controle das disponibilidades

O controle contábil desses ativos se faz em contas sintéticas do livro razão e nas respectivas contas analíticas do razão auxiliar, seguindo rigorosamente o sistema de registro em três colunas paralelas, uma para débitos, uma para créditos e uma para saldo.

O livro caixa

Os recebimentos de recursos financeiros, bem como suas saídas para depósito em banco e ainda o dinheiro em espécie mantido em mãos, são controlados diariamente no razão auxiliar da conta caixa, também conhecido como "livro caixa".

É importante notar a utilidade prática do livro caixa, que é usado para registro geral do trânsito de recursos financeiros e apuração diária do saldo de dinheiro em mãos.

Controle dos saldos bancários

Todos os valores depositados em banco são controlados diariamente, por tipo de ativo, por meio da apuração na respectiva conta (conta movimento, aplicações financeiras ou bens financeiros em custódia) dos saldos em cada banco.

Exemplo da posição das contas analíticas do disponível

Só para recordar, vamos simular o exemplo da posição das contas analíticas do disponível de uma empresa, com um total no dia 29.10.2012 de R$ 200.000,00, com a seguinte composição:

Dinheiro em espécie	R$ 5.000,00
Banco conta movimento – Banco X	R$ 25.000,00
Banco conta movimento – Banco Y	R$ 20.000,00
Aplicações financeiras – Banco X	R$ 45.000,00
Aplicações financeiras – Banco Y	R$ 40.000,00
Ouro em barra em custódia – Banco X	R$ 65.000,00

	Débito	Crédito	Saldo	D/C
Caixa (livro caixa)				
29.10.2012	R$ 5.000,00		R$ 5.000,00	D
Bancos conta movimento – Banco X (analítica)				
29.10.2012	R$ 25.000,00		R$ 25.000,00	D
Bancos conta movimento – Banco Y (analítica)				
29.10.2012	R$ 20.000,00		R$ 20.000,00	D
Aplicações financeiras – Banco X (analítica)				
29.10.2012	R$ 45.000,00		R$ 45.000,00	D
Aplicações financeiras – Banco Y (analítica)				
29.10.2012	R$ 40.000,00		R$ 40.000,00	D
Bens financeiros em custódia – Banco X (analítica)				
29.10.2012	R$ 65.000,00		R$ 65.000,00	D

Obviamente, as contas sintéticas apresentarão a seguinte situação de saldos:

Caixa	R$ 5.000,00
Bancos conta movimento	R$ 45.000,00
Aplicações financeiras	R$ 85.000,00
Bens financeiros em custódia	R$ 65.000,00
Total	**R$ 200.000,00**

4.4 O controle dos bens patrimoniais

4.4.1 Composição da estrutura física do patrimônio

Como o ativo é composto de bens e direitos, vamos examinar, nesta seção, como são tratados pela Contabilidade os valores patrimoniais designados como bens, que são a estrutura física do patrimônio.

A parte física do patrimônio é, em geral, composta de dois grandes grupos de valores patrimoniais:
- Estoques de materiais e mercadorias;
- Imobilizado, também, denominado "ativo fixo".

4.4.2 Controle dos estoques

Composição dos estoques

O primeiro grupo, que são os estoques, é fisicamente representado pelos almoxarifados, que, de acordo com as práticas mais comuns, podem ter a seguinte classificação:
- Mercadorias para venda;
- Matérias-primas para transformação;
- Mercadorias em processo de fabricação;
- Materiais de manutenção e consumo;
- Papelaria ou materiais de escritório.

Controle quantitativo dos estoques

Cada tipo de almoxarifado tem seu controle quantitativo executado no local de guarda e manuseio, por meio de uma ficha ou registro eletrônico para cada tipo de mercadoria ou material, indicando o tipo da unidade, e compostos de três colunas paralelas, sendo uma para registro das entradas, uma para as saídas e a última para o saldo.

As entradas far-se-ão com base na nota fiscal do fornecedor, por meio do seu espelho (Demonstrativo Auxiliar de NF Eletrônica – DANFE), que acompanha o item a ser estocado, ou de documento interno numerado de transferência entre estoques.

As saídas são registradas com base em documento interno numerado, como uma requisição de materiais, ou com base em um espelho da Nota Fiscal Eletrônica (NF-e de venda).

Exemplifiquemos o controle quantitativo de um estoque de uma mercadoria para venda:

Nome e código da mercadoria				
Unidade: (peça, quilo, metro, litro etc.)				
		Entrada	Saída	Saldo
29.10.2012	N.F.XX	10.000		10.000
03.11.2012	N.F.XY	15.000		25.000
04.11.2012	N.F.YY		8.000	17.000
05.11.2012	N.F.YX		5.000	12.000

Controle econômico-financeiro dos estoques

Simultaneamente com o controle quantitativo, todas as movimentações físicas dos estoques são objeto de lançamentos contábeis, com base nos mesmos documentos utilizados no controle quantitativo, pelos respectivos valores de custo dos materiais ou mercadorias. Nos casos de notas fiscais de compra, as entradas podem ser registradas eletronicamente, ao receber do fornecedor a NF-e pelo sistema de transmissão eletrônica.

Esses lançamentos, que representam o controle econômico-financeiro dos estoques, são realizados nas contas específicas de estoque com débitos pelas entradas, ao custo de aquisição, e créditos pelas saídas, ao custo médio do estoque, produzindo os saldos do valor dos estoques.

Tomando o exemplo de controle quantitativo anterior indicado e assumindo que o valor de custo unitário da mercadoria é R$ 1,50, temos na Contabilidade a seguinte situação:

		Débito	Crédito	Saldo	D/C
29.10.2012	N.F. XX	R$ 15.000,00		R$ 15.000,00	D
03.11.2012	N.F. XY	R$ 22.500,00		R$ 37.500,00	D
04.11.2012	N.F. YY		R$ 12.000,00	R$ 25.500,00	D
05.11.2012	N.F. YX		R$ 7.500,00	R$ 18.000,00	D

Inventário dos estoques e ajustes contábeis

Periodicamente, e pelo menos uma vez por ano, deve ser feita uma contagem física das existências em estoque, que é conhecida nos controles contábeis como "inventário". Dessa verificação podem surgir divergências entre o resultado da contagem e o saldo constante dos controles de entradas e saídas do almoxarifado.

As diferenças de valor apuradas em inventário são calculadas pelo seu custo contábil unitário, cujo resultado será objeto de um lançamento de ajuste no valor do saldo em estoque na Contabilidade.

Tomando, novamente, o exemplo quantitativo anteriormente indicado, vamos supor que no inventário daquela mercadoria foram encontradas 11.500 unidades em vez das 12.000 acusadas pelos registros do almoxarifado. A diferença de 500 unidades será, independentemente da necessária investigação de seus motivos, objeto de uma baixa de estoque como saída na ficha de controle quantitativo. Ao mesmo tempo, a diferença de valor será calculada pelo seu custo médio unitário (R$ 1,50 em nosso exemplo) e o seu valor (R$ 750,00) será objeto de um lançamento na Contabilidade, creditando por esse valor a conta de estoque, a débito de uma conta de custo ou despesa de perdas em inventários.

4.4.3 Controle do imobilizado

Composição do imobilizado

O outro grupo de bens físicos formadores do patrimônio é o imobilizado, que constitui a estrutura física de uso pelas atividades operacionais. É, também, conhecido por "ativo fixo" e, no geral, sua composição poderá incluir bens, que nos controles contábeis envolverão as seguintes contas:

- **Edifícios**: edificações e benfeitorias em terrenos;
- **Terrenos**: áreas de superfície terrestre;
- **Móveis e utensílios**: mobiliário e equipamentos de escritório;
- **Máquinas e equipamentos**: máquinas operatrizes e equipamentos industriais;
- **Instalações**: sistemas de suprimento de utilidades, ar condicionado, tratamento de efluentes etc.;

- **Veículos**: equipamentos automotores de transporte de passageiros ou carga;
- **Aeronaves**: equipamentos de aeronavegação para passageiros ou carga;
- **Embarcações**: equipamentos de transporte fluvial, lacustre ou marítimo para passageiros ou carga.

Tratamento contábil do imobilizado

Essas contas são debitadas pelo valor de custo de aquisição dos bens, a crédito de disponível ou fornecedores, e são creditadas: (a) pela baixa do valor do seu saldo, no caso do bem ter sido vendido, a débito de custo da venda; (b) pela baixa do valor do seu saldo, no caso do bem ter esgotado sua vida útil e se transformado em sucata, a débito de custos ou despesa.

Todos os itens do imobilizado são codificados e controlados individualmente, com base em uma ficha de aquisição, com o histórico e valor de custo de aquisição do bem e, à exceção de terrenos, as depreciações acumuladas até a sua baixa.

Depreciação – cálculo e forma de registro

Todos os itens do imobilizado, à exceção de terrenos, devem receber no ato de sua aquisição, no registro em sua ficha, a indicação da quantidade de anos de vida economicamente útil que lhe é atribuída. Esse tempo de vida útil será a base para calcular anualmente a perda progressiva de valor do bem pelo uso.

A perda de valor pelo uso é calculada nos controles contábeis e registrada sob a denominação de "depreciação".

A depreciação é registrada, acumulando os valores dos períodos decorridos até o final da vida útil, em uma conta corretiva do valor de custo do imobilizado, denominada "provisão para depreciação".

Tomemos como exemplo a aquisição de um veículo pelo valor de R$ 100.000,00, ao qual é atribuída uma vida útil de cinco anos. Segundo o critério geralmente adotado no Brasil e aceito pelas autoridades fiscais, o cálculo da depreciação é feito pelo sistema linear, dividindo o valor de custo do bem pela quantidade de anos de vida útil, determinando assim o valor anual a ser depreciado. Pelo nosso exemplo, a depreciação anual do veículo será de R$ 20.000,00, ou seja, R$ 100.000,00 dividido por 5.

A contabilização anual dessa depreciação no diário será como segue:

Data	Histórico	Débito	Crédito
31.12.2012	Depreciação anual do veículo X		
	Despesa de depreciação de veículos	R$ 20.000,00	
	Provisão para depreciação de veículos		R$ 20.000,00

A conta de provisão é uma conta patrimonial corretiva do valor do bem, portanto o valor líquido do veículo de nosso exemplo ao final do primeiro ano é de R$ 80.000,00, ou seja, o custo original de R$ 100.000,00 menos a depreciação acumulada de R$ 20.000,00.

Note que não se aplica a depreciação para terrenos, em respeito à sua condição de perenidade.

4.5 O controle das contas a receber

4.5.1 Origem das contas a receber

Lembrando que o ativo patrimonial é composto de bens e direitos, esta seção tratará da parcela do patrimônio representada por direitos do seu titular a receber de terceiros, em data posterior à data do balanço.

Esses valores patrimoniais são geralmente derivados de transações financeiras, nas quais o titular do patrimônio ficou na posição de credor, tais como empréstimos concedidos, aplicações financeiras, depósitos judiciais, operações de mútuo e, também, principalmente, de transações comerciais relacionadas às vendas a prazo.

4.5.2 Cuidados nas vendas a prazo

Vimos na seção 4.3 deste capítulo os cuidados que devem ser tomados, em termos de controle, quando nos referimos a créditos derivados de operações financeiras. Entretanto, ao nos referirmos às contas a receber de clientes pelas vendas a prazo de uma empresa, iremos nos deparar com um dos maiores desafios para a boa gestão financeira do patrimônio.

Em primeiro lugar, lembremos que uma venda a prazo implica uma concessão de crédito ao cliente. Por isso, antes da venda, é fundamental que o vendedor tenha em mãos as informações sobre a credibilidade e capacidade de liquidez do cliente, para executar uma confiável análise de crédito. Essas informações, em geral, são as seguintes:

- Cadastro e identificação e qualificação do cliente;
- Idoneidade do cliente, por meio da análise de sua situação junto ao SPC e SERASA, à Justiça e à Receita Federal do Brasil;
- Análise da situação patrimonial e financeira do cliente por meio do balanço, da demonstração dos resultados e da relação de bens; e
- Referências bancárias e comerciais.

Na coleta dessas informações, imprescindíveis para concessão do crédito, o uso do bom senso poderá recomendar a dispensa de um ou outro item, mas sempre tendo em mente que esse trabalho é a base da preservação da qualidade dos recebíveis.

4.5.3 Fatura e duplicata

Se aprovado o crédito e realizada a venda a prazo, sendo este não inferior a 30 dias, o vendedor emitirá, além da nota fiscal, uma fatura ou um documento conjugado nota fiscal/fatura.

A emissão da fatura, que pode incluir várias notas fiscais de venda, é a comprovação da venda a prazo, exigida no Brasil pela Lei n. 5.474 de 18.07.1968.

De acordo com essa lei, o vendedor poderá emitir, para executar a cobrança da venda a prazo, uma duplicata (veja modelo no Apêndice), que é um título de crédito que pode, inclusive, ter sua titularidade transferida para terceiros por meio de endosso do emitente. É muito comum as empresas emitentes de duplicatas negociarem esses créditos com instituições financeiras, em operação conhecida no mercado como desconto de duplicatas.

A duplicata tem esse nome por ser uma cópia da fatura, sem identificar, no entanto, o produto ou serviço objeto da operação mercantil.

São, entretanto, requisitos essenciais da duplicata:
- Denominação "duplicata", data de emissão e número de ordem;
- Número da fatura que a originou e data do vencimento;
- Nomes e domicílios do vendedor e do comprador;
- Praça de pagamento e importância a pagar;
- Declaração de reconhecimento de sua exatidão e obrigação de pagá-la, a ser assinada pelo devedor; e
- Assinatura do emitente vendedor.

O emitente de duplicata é obrigado por lei a manter um registro sequencial desses títulos, sem emendas ou rasuras, no livro denominado "registro de duplicatas", que pode ser em brochura ou em folhas soltas, posteriormente encadernadas por exercício social.

4.5.4 Registro das operações de vendas

Para o controle contábil dessas contas a receber, vejamos o sistema de registro das operações de venda de uma empresa:

- Tomando, por exemplo, uma operação de venda no valor de R$ 10.000,00, com pagamento à vista, ou seja, no ato da compra, será emitida somente uma nota fiscal e, com base nela, o lançamento desse fato no livro diário será o seguinte:

> Data: 09.11.2012
> Histórico: Venda à vista de mercadorias conforme Nota Fiscal n. 15.535
> Débito: Caixa (pela entrada do dinheiro)
> Crédito: Vendas (pelo registro da receita)
> Valor: R$ 10.000,00

- Tomando, por exemplo, uma operação de venda no valor de R$ 40.000,00, ao cliente X, para pagamento em sessenta dias da data, além da nota fiscal, a empresa emitirá uma fatura e, com base nesta, será emitida uma duplicata, que é assinada pelo emitente e também pelo cliente X, como forma de aceite da dívida. Esses documentos serão a base do seguinte lançamento no livro diário:

> Data: 09.11.2012
> Histórico: Venda a prazo de mercadorias conforme Fatura n. 128
> Débito: Duplicatas a receber (pela emissão da respectiva duplicata)
> Crédito: Vendas (pelo registro da receita)
> Valor: R$ 40.000,00

4.5.5 Controle das duplicatas a receber

Note que a conta "duplicatas a receber" debitada na venda a prazo é uma conta sintética, representativa do total das contas a receber derivadas de operações comerciais. Portanto, além do registro do fato no livro razão de contas sintéticas, deverá ser feito o registro no livro razão auxiliar das contas analíticas de controle das duplicatas a receber, cliente por cliente.

O razão auxiliar de duplicatas a receber é, de fato, o registro oficial das contas comerciais a receber da empresa. O total dos saldos devedores de todos os clientes neste razão auxiliar deve ser mensalmente comparado e ser igual ao saldo devedor acusado na conta sintética duplicatas a receber.

Como esse registro oficial só demonstra os saldos devedores dos clientes na data, a empresa necessita de outro trabalho que possa gerar a informação de enorme valia para a sua tesouraria, que é a demonstração dos valores recebíveis por data de vencimento, muito conhecida no mercado por *aging*.

4.5.6 Planilha das contas a receber

Para a boa gestão dos recebíveis, o setor responsável pelos controles das contas a receber produz no final de cada quinzena, pelo menos, um mapa ou planilha com colunas, de análise dos vencimentos do total de duplicatas a receber, nos seguintes moldes mais usuais:

DEMONSTRAÇÃO DOS VENCIMENTOS DAS CONTAS A RECEBER Em Reais VENDAS					
	no Município	no Estado	fora do Estado	fora do País	Total
Vencidos até 7 dias					
Vencidos de 7 a 14 dias					
Vencidos de 14 a 30 dias					
Vencidos a mais de 30 dias					
Subtotal – Vencidos					
A vencer até 7 dias					
A vencer de 7 a 14 dias					
A vencer de 14 a 21 dias					
A vencer de 21 a 30 dias					
A vencer de 30 a 60 dias					
A vencer de 60 a 90 dias					
A vencer a mais de 90 dias					
Subtotal – A Vencer					
Total					

O valor total apurado em cada uma das colunas do mapa ou planilha será a informação para uso do setor de cobranças e dos serviços de controle e previsões de caixa da empresa.

As informações fornecidas sobre vencidos e não pagos devem ser objeto de uma análise, caso a caso, pelo setor de cobrança, que deverá produzir um relatório sobre as providências que serão tomadas no decorrer da quinzena para solução das inadimplências apontadas.

A quitação de uma venda a prazo é feita, no ato do recebimento do seu valor, no verso da duplicata a que essa venda deu origem.

4.6 O controle das contas a pagar

4.6.1 Origem das contas a pagar

Já mostramos que na estrutura do balanço patrimonial o seu lado direito demonstra as contas patrimoniais de saldo credor, representativas das origens dos recursos que formaram o patrimônio. Essas origens podem ser de capital próprio, ou seja, aportes dos titulares, ou capital de terceiros, que formam dívidas da empresa.

É natural que, para a formação de um patrimônio, se lance mão do crédito junto ao mercado para alavancar o crescimento dos negócios. Além da busca de financiamentos bancários, de curto e longo prazo, é usual no mercado desenvolver-se um relacionamento comercial com fornecedores de mercadorias e serviços, a fim de obter uma linha de crédito junto a eles que possibilite compras a prazo para aliviar a pressão sobre a liquidez e ampliar o volume dos negócios.

Esse apoio financeiro de fornecedores, geralmente de curto prazo (normalmente 30 ou 60 dias e máximo 120 dias), é conhecido por crédito comercial e representado por duplicatas a pagar, o mais comumente chamado de contas a pagar.

Da mesma forma que foi indicado na seção anterior sobre contas a receber, este também é um segmento dos controles contábeis de alta complexidade e demandante de grande esforço administrativo para garantir a boa gestão financeira e preservação da credibilidade da empresa.

Toda operação de compra a prazo será objeto de um lançamento contábil, efetuado com base na nota fiscal emitida pelo fornecedor. Tomemos por exemplo uma compra de mercadorias no valor de R$ 15.000,00, para pagamento a prazo:

> Data: 16.11.2012
> Histórico: Compra de mercadorias conforme Nota Fiscal n. 13500
> Débito: Estoques
> Crédito: Fornecedores
> Valor: R$ 15.000,00

4.6.2 Forma de controle das contas a pagar

Ao receber a duplicata enviada pelo fornecedor, para assinatura do seu aceite, deverá ser feita uma verificação da conformidade do seu valor a pagar com aquele do lançamento da entrada da mercadoria, e só após essa verificação, e não havendo divergência, será assinada a aceitação da obrigação. Havendo divergência, caberá ao setor de contas a pagar devolver a duplicata, sem aceite, ao fornecedor, com carta indicando o fato e solicitando a solução do impasse.

A conta sintética *fornecedores* deve ser objeto de um razão auxiliar de contas analíticas de controle contábil para cada fornecedor. Esse controle analítico é efetivamente o registro oficial das contas a pagar da empresa e a soma dos saldos individuais devidos deve ser igual ao saldo da conta sintética *fornecedores* na mesma data.

Como esse registro oficial só demonstra os saldos credores dos fornecedores, a empresa necessita de outro trabalho que possa gerar a informação de enorme valia para a sua tesouraria, que é a demonstração dos valores a pagar por data de vencimento.

4.6.3 Planilha de contas a pagar

Para a boa gestão das obrigações, o setor responsável pelos controles das contas a pagar produz no final de cada quinzena, pelo menos, um mapa ou planilha com colunas, de análise dos vencimentos do total de duplicatas a pagar, nos seguintes moldes mais usuais:

	DEMONSTRAÇÃO DOS VENCIMENTOS DAS CONTAS A RECEBER Em Reais COMPRAS				
	no Município	no Estado	fora do Estado	fora do País	Total
Vencidos até 7 dias					
Vencidos de 7 a 14 dias					
Vencidos de 14 a 30 dias					
Vencidos a mais de 30 dias					
Subtotal – Vencidos					
A vencer até 7 dias					
A vencer de 7 a 14 dias					
A vencer de 14 a 21 dias					
A vencer de 21 a 30 dias					
A vencer de 30 a 60 dias					
A vencer de 60 a 90 dias					
A vencer a mais de 90 dias					
Subtotal – A Vencer					
Total					

O valor total apurado em cada uma das colunas do mapa ou planilha será a informação para uso do setor de pagamentos da tesouraria e dos serviços de controle e previsões de caixa da empresa.

As informações fornecidas de contas vencidas e não pagas devem ser objeto de uma análise, caso a caso, pelo setor de pagamentos da tesouraria, que deverá produzir um relatório sobre as providências que serão tomadas no decorrer da quinzena para solução dos pagamentos em atraso.

Deverá ser exigida a quitação do sacador, no verso de toda duplicata liquidada.

4.7 Definição de ganhos e perdas

4.7.1 Ganhos patrimoniais

Qualquer pessoa que deseja obter um ganho patrimonial, que não seja aleatório nem oriundo do fator sorte, deverá, na regra geral:
- Praticar ações de esforço físico ou mental que possam ser traduzidas pela execução de um trabalho remunerado;
- Atuar como locador de um ativo patrimonial, mediante cobrança de preço pactuado; ou
- Efetuar uma transação comercial ou financeira com vantagem econômica.

A prestação de um serviço físico ou intelectual, mediante remuneração, será sempre considerada um ganho, independentemente do preço negociado, pois o principal custo desse ganho é, geralmente, o consumo de tempo que o indivíduo inevitavelmente gastará de forma ociosa ou produtiva. Todo indivíduo dispõe de um tempo, correspondente a 61.320 horas anuais ($7 \times 24 \times 365$), a serem consumidas à sua discrição. É razoável admitir que, no curso de sua vida útil, pelo menos um terço desse tempo seja consumido pelo indivíduo com atividades voltadas para a garantia de sua sobrevivência e para a proteção ou crescimento do seu patrimônio econômico-financeiro.

Na cessão de um ativo patrimonial para uso de terceiros, o seu titular pode auferir receitas que, em regra geral, serão integralmente ganhos, tais como juros, quando se tratar de ativos financeiros, ou aluguel, tratando-se de bens físicos.

Na atividade comercial, entretanto, a venda de um produto, mercadoria ou serviço só resultará em ganho se os gastos de custos e despesas incorridos pelo vendedor forem menores que o preço da venda.

4.7.2 Perdas patrimoniais

Vale relembrar a equação de apuração de resultado em Contabilidade: Vendas − Custos − Despesas = Resultado. Se o resultado dessa equação for negativo, o vendedor realizou uma perda e não um ganho.

Além das perdas comerciais oriundas dos resultados negativos da equação indicada, que, por absurdo que pareçam, são muito frequentes, temos outro tipo de perda incorrida pela maioria dos titulares de patrimônio, que é a redução involuntária do valor econômico patrimonial.

Qualquer que seja a composição do patrimônio, ele está sujeito a perdas involuntárias, originadas por diversas razões, além de roubos e furtos, como por exemplo:

- Contas a receber: pela falência do devedor;
- Estoques: pelos danos de manuseio, baixo giro de consumo, obsolescência ou deterioração;
- Imobilizado: pelos acidentes no uso, obsolescência ou depreciação pela redução da vida útil; e
- Disponibilidades e direitos não remunerados: pela perda do poder aquisitivo da moeda na ocorrência da inflação. Importante notar que a inflação não constitui fato gerador de registro contábil. Esse fenômeno só é reconhecido contabilmente quando da realização do valor patrimonial.

É importante salientar ainda que essas perdas involuntárias, que afetam todos os patrimônios, são indicadores da obrigação de seus titulares de bem gerir sua riqueza, operando o uso de seu ativo, com o máximo de produtividade e lucratividade, observando um princípio fundamental da atividade econômica: *toda riqueza tem que gerar riqueza*.

4.8 Definição e formas de apuração das receitas

Na busca do crescimento do seu patrimônio, todo indivíduo ou empresa irá praticar atos geradores de ganhos econômicos ou financeiros que são, genericamente, denominados em Contabilidade como "receitas". São receitas: (a) o fruto do trabalho remunerado; (b) o fruto das operações de locação ou venda de bens ou direitos patrimoniais; (c) os juros ativos auferidos em empréstimos concedidos, aplicações financeiras ou em contas a receber; e (d) as operações normais de venda nas empresas mercantis.

Segundo as boas práticas contábeis, a receita é apurada e registrada no ato da realização do fato econômico, tendo por base o valor indicado na sua documentação de origem.

Qualquer operação de venda resultará numa receita, reconhecida no ato de sua realização, independentemente da ocorrência ou não do efetivo recebimento do seu valor em dinheiro.

Tomemos por exemplo o registro contábil de duas operações de venda de mercadorias, no mesmo valor de R$ 10.000,00, uma com pagamento à vista e outra a prazo:

À vista

Data: 24.11.2012

Histórico: Venda de mercadorias conforme Nota Fiscal X

Débito: Caixa

Crédito: Receitas

Valor: R$ 10.000,00

> **A prazo**
>
> Data: 24.11.2012
>
> Histórico: Venda de mercadorias conforme Nota Fiscal Fatura Y
>
> Débito: Duplicatas a receber
>
> Crédito: Receitas
>
> Valor: R$ 10.000,00

Por outro lado, quando nos referimos a receitas originadas de aluguéis ou de juros ativos, a receita é reconhecida em bases mensais, calculada e registrada no fim de cada mês corrido, com base no preço da locação ou na taxa de juros, negociados com o devedor.

Numa aplicação financeira, por exemplo, onde foram aplicados R$ 200.000,00, à taxa anual de juros de 15%, mensalmente será calculada e registrada essa receita, ou seja, 1,25% mensais, portanto R$ 2.500,00, como segue:

> Data: 25.11.2012
>
> Históricc: Juros ativos do mês, auferidos na aplicação financeira de R$ 200.000,00 a 15% ao ano no Banco X.
>
> Débito: Aplicações financeiras
>
> Crédito: Receitas financeiras
>
> Valor: R$ 2.500,00

Como visto anteriormente, as receitas podem representar entrada de dinheiro, portanto aumento das disponibilidades ou, como ocorre na maioria das vezes, aumento dos direitos a receber de terceiros. Note que as receitas só resultarão em ganhos se o seu valor for superior aos custos e despesas respectivos. Uma venda de um terreno por R$ 100.000,00 é uma receita, mas não será um ganho se o terreno foi originalmente adquirido por R$ 120.000,00.

4.9 Definição de custos e despesas e formas de apuração

Em todas as atividades de natureza econômico-financeira, relacionadas à proteção e desenvolvimento do patrimônio, o seu titular irá incorrer em gastos divididos em dois grupos, que são os custos e as despesas.

4.9.1 Custos

Serão denominados custos os gastos diretamente relacionados à produção de um bem ou à execução de um serviço.

Todo bem, produto ou mercadoria que passa por um processo de manufatura exigirá o encargo direto de itens tais com matéria-prima, mão de obra e gastos gerais de fabricação. Esse conjunto de gastos forma o custo do produto.

Na venda de prestação de serviços é importante identificar, dentre os diversos gastos incorridos, aqueles diretamente relacionados à execução do serviço, tais como remuneração de pessoal, locomoção, alimentação e estada, material de consumo e outros, para formação do custo total do serviço.

4.9.2 Despesas

Denominam-se despesas os gastos relacionados às atividades administrativas, comerciais e financeiras das operações e da gestão patrimonial.

As despesas administrativas abrangem os gastos operacionais, com remuneração de pessoal, materiais de consumo e outros, relacionados a serviços como: direção geral, gestão dos recursos humanos, contabilidade, tesouraria, planejamento e controle, impostos, serviços jurídicos e fiscais, administração dos sistemas de informação etc.

As despesas comerciais são todos os gastos relacionados com a estrutura de distribuição e vendas, isto é, salários, comissões, viagens, estadas, material de consumo, embalagens e fretes de transportes etc., bem como com a propaganda e publicidade e, também, com as campanhas de promoção de vendas.

As despesas financeiras são os juros passivos e despesas bancárias, pagos nas operações comerciais e nos financiamentos obtidos para alavancagem dos negócios. Essas despesas registradas pela Contabilidade nas empresas mercantis são totalizadas e informadas nos relatórios financeiros, líquidas das receitas financeiras também registradas, pelos valores de juros ativos auferidos nas aplicações financeiras de recursos disponíveis e nos financiamentos concedidos. Assim, o total apurado e informado das despesas financeiras nessas empresas será sempre líquido, pela dedução das receitas financeiras apuradas com juros ativos auferidos no período.

4.9.3 Característica peculiar das instituições bancárias

É importante destacar que, nas instituições bancárias, diferentemente das demais atividades empresariais, os juros ativos cobrados sobre financiamentos concedidos formam, nas informações contábeis, a receita bruta da atividade e os juros passivos incorridos nas captações de recursos formam os custos da atividade operacional.

Assim sendo, a lucratividade bruta nas empresas bancárias é, basicamente, derivada do diferencial conhecido no mercado financeiro por *spread*, que é a diferença entre a taxa de juros paga nas captações de recursos e a taxa de juros cobrada nas aplicações por empréstimos concedidos.

4.9.4 Documentação do fato gerador

A maioria dos gastos, sejam eles custos ou despesas, são apurados e registrados com base na documentação gerada pelo fato, tais como: um recibo de pagamento, uma nota fiscal ou uma requisição interna de material. Aqueles relacionados à remuneração de pessoal são apurados e registrados com base na folha mensal de salários, que é a relação de todo o pessoal, dividida em quatro grupos: administrativo e financeiro, comercial, produção e planejamento e controle da produção, com a indicação da remuneração bruta individual e todas as deduções e encargos respectivos. Os valores relacionados ao pessoal da estrutura organizacional das áreas administrativas e financeiras gerarão despesas administrativas, enquanto aqueles relacionados ao pessoal da área comercial gerarão despesas comerciais. Por outro lado, os valores referentes ao pessoal das áreas de produção gerarão os custos de mão de obra direta, enquanto aqueles referentes ao pessoal das áreas de administração, manutenção, planejamento e controle das atividades industriais gerarão a mão de obra indireta, componente do custo como gastos gerais de fabricação.

Os juros passivos incorridos sobre as dívidas, contabilizados como despesas financeiras, são apurados pelo prazo decorrido, com base na aplicação das taxas de juros contratadas sobre os saldos das obrigações assumidas. As despesas bancárias são contabilizadas como despesa financeira, com base em informação fornecida pelo banco.

4.9.5 Depreciação

Referindo-se ao ativo imobilizado, já abordado na seção 4.4.3 deste capítulo, vamos identificar um dos fatores mais relevantes da estrutura de custos e despesas operacionais. Trata-se da depreciação, que é o reconhecimento contábil da perda progressiva do valor econômico dos bens do ativo fixo, em razão da redução de sua vida útil.

A depreciação dos bens de uso nas atividades industriais (linha de produção, manutenção de máquinas e equipamentos, planejamento e controle, almoxarifados de matérias-primas etc.) será calculada, registrada e tratada como a parte dos custos denominada gastos gerais de fabricação. Por outro lado, a depreciação dos bens do imobilizado, usados pelas áreas administrativas e comerciais, será calculada, registrada e tratada como despesas operacionais, administrativas ou comerciais, dependendo do setor envolvido.

4.10 O cálculo do resultado (lucro/superávit ou prejuízo/déficit)

A boa gestão do patrimônio irá produzir, na regra geral, bons resultados, de acordo com o foco estabelecido pelo planejamento estratégico da atividade. Na busca dos resultados, o responsável pela gestão deve se comportar como o condutor de um veículo, que deve estar sempre atento a todos os ângulos de visão. Administrar um patrimônio em todos os seus aspectos e conseguir a produção de resultados é um desafio para o qual o presente trabalho mostra meios de garantir o sucesso.

Toda atividade empresarial tem estabelecido nos seus atos constitutivos um objetivo de busca de um ou mais resultados. Sem exceção, toda empresa, para preservação de sua sobrevivência, está condicionada à obrigatoriedade de geração de lucro e, no caso de empresas sem fins lucrativos, isto é, associações, organizações não governamentais (ONGs), organizações da sociedade civil de interesse público (OSCIPs), igrejas etc., à manutenção do equilíbrio financeiro: receitas *versus* gastos. As empresas sem fins lucrativos, mesmo que gerem lucros em suas operações, obrigam-se a aplicá-los no seu objeto social e a não distribuí-los aos sócios, diretores ou gerentes.

Como já vimos, o patrimônio inativo ou mal administrado sofrerá, inevitavelmente, perdas de valor econômico, cabendo ao seu gestor buscar resultados que garantam o seu crescimento ou a preservação de sua saúde econômico-financeira.

As atividades que visam ao lucro devem assumir que este é o nutriente vital à sobrevivência, o qual será garantido pela geração de receitas em valor sempre superior aos custos e despesas operacionais, ou seja, receitas menos custos e menos despesas têm que resultar em lucro e nunca em prejuízo.

É importante notar que a capacidade de geração de receitas precisa ser conhecida com segurança, para que o volume de custos e despesas, sobre o qual o gestor deve ter total domínio, ocorra nos limites de garantia da lucratividade.

As atividades sem fins lucrativos devem buscar a satisfação de seus objetivos sociais, sem perder de vista a obrigatoriedade de manter a saúde do patrimônio e, principalmente, o equilíbrio financeiro. Portanto, a manutenção do valor das entradas de recursos superior ao valor dos gastos com custos e despesas operacionais é condição vital para geração de superávit e evitar a ocorrência de déficit.

4.11 A demonstração do resultado

4.11.1 Apuração periódica

Uma atividade que visa ao lucro deverá apurar os resultados de forma periódica, preferencialmente em bases mensais e no mínimo uma vez ao ano. Essa apuração se faz por meio dos saldos das contas de resultado, ou seja, das receitas, dos custos e das despesas incorridos no período, que permitirão a montagem em forma gráfica da equação: Receita − Custos − Despesas = Resultado.

4.11.2 Forma padronizada universal

Existe uma forma padronizada de âmbito universal para a apresentação gráfica analítica da demonstração do resultado. Esse demonstrativo de valores registra, em uma coluna vertical, a receita bruta auferida nas operações do período, da qual são deduzidos os impostos sobre ela incidentes, apurando, desse modo, a receita líquida. A partir daí, são indicadas as deduções dos custos relacionados com essas receitas, apurando assim o lucro bruto. Esse resultado indica a margem de contribuição deixada pelas receitas operacionais, para cobertura das despesas operacionais, e ainda deixa uma margem de lucro no negócio. Esse resultado bruto deve ser, necessariamente, positivo, pois não é admissível, por questão de sobrevivência, que uma atividade tenha receitas inferiores aos seus custos.

As próximas deduções a serem indicadas na coluna são os totais das despesas operacionais, que, como já vimos, são divididas em administrativas, comerciais e financeiras. Após essas deduções, apura-se o lucro operacional, que é o resultado econômico da atividade antes de calculado o Imposto de Renda sobre o lucro, também conhecido por LAIR (lucro antes do Imposto de Renda). Não é incomum o LAIR apresentar valor negativo, que indica prejuízo operacional, fato que deve ser evitado pelo severo acompanhamento das operações, ampliando ao máximo a realização de receitas e contendo os custos e despesas ao mínimo possível.

Apurado o resultado operacional, e sendo ele positivo, é feito o cálculo do Imposto sobre a Renda (IR) e da Contribuição Social sobre o Lucro Líquido (CSLL), seguindo a orientação fiscal estabelecida pela Receita Federal do Brasil para o tipo de atividade objeto do demonstrativo em questão. Deduzido o valor do IR e da CSLL, apura-se finalmente o lucro líquido, que é o resultado econômico da atividade, ou seja, a remuneração ao capital investido na atividade. O modelo do demonstrativo ora descrito (veja o modelo 9.2 no Apêndice) deve ter os dados do período, comparados com os do exercício anterior e a indicação do percentual de cada item em relação à receita líquida.

4.11.3 Atividades sem fins lucrativos

As atividades sem fins lucrativos, também, devem verificar seus resultados de forma periódica, preferencialmente em bases mensais e pelo menos uma vez no ano. Nesses casos, os resultados são geralmente apresentados sob a forma de estatísticas ou relatórios descritivos de conquistas de objetivos, mas sempre acompanhados do balanço patrimonial e de uma demonstração do resultado do exercício. Essa demonstração do resultado indica, em coluna vertical, os valores de entradas e saídas de recursos e do déficit ou superávit do período, comparados com os mesmos dados do exercício anterior.

A demonstração gráfica dos resultados financeiros de uma atividade sem fins lucrativos pode variar, dependendo do tipo de atividade, mas em geral seguirá o seguinte modelo:

DEMONSTRAÇÃO DO RESULTADO DO EXERCÍCIO

Em Reais

Exercício findo em 31 de dezembro de 2012

	2012	2011
A – RECEITAS DAS ATIVIDADES		
Contribuições de Mantenedores		
Projetos e Eventos		
TOTAL (A)		
B – DESPESAS DAS ATIVIDADES		
Pessoal		
Outras Operacionais		
Gastos com Projetos e Eventos		
TOTAL (B)		
C – SUPERÁVIT/DÉFICIT OPERACIONAL (A – B)		
D – Resultado Financeiro		
Receitas Financeiras		
Despesas Financeiras		
TOTAL (D)		
E – RESULTADO LÍQUIDO DO EXERCÍCIO (C+/−D)		

4.12 Demonstrativos financeiros obrigatórios

4.12.1 Prestação de contas

É natural que em uma atividade empresarial se cumpra, periodicamente, um rito de prestação de contas, sistemático e padronizado.

São interessados nessa prestação de contas, em primeiro lugar, os proprietários do patrimônio em seguida os credores (fornecedores e financiadores) e, finalmente, o governo.

Essa prestação de contas tem como base a apresentação da situação patrimonial atual e dos resultados auferidos no exercício.

4.12.2 Relatórios adicionais dos empreendimentos de grande porte

Dependendo do porte do empreendimento, alguns aspectos da estrutura patrimonial exigirão da sua direção um relatório descritivo dos negócios, indicando a política social e de meio ambiente e os riscos dos negócios e outras demonstrações analíticas, tais como situação financeira e evolução das contas do patrimônio líquido: capital, reservas e lucros retidos.

4.12.3 Comparação com o período anterior

Todas as demonstrações financeiras da prestação de contas devem apresentar os valores ao final do período reportado, comparados com as mesmas informações referentes ao final do período anterior, de modo a permitir que o usuário da informação verifique a evolução dos negócios de um período para outro.

4.12.4 Notas explicativas do balanço

Vimos que a situação patrimonial tem uma forma gráfica de apresentação, de padrão universal, que é o balanço patrimonial (veja modelo no Apêndice), a qual, além de apresentar os valores em duas colunas, uma para o período findo e outra para o período anterior, deve ser sempre acompanhada de notas explicativas sobre os principais elementos do balanço, como:
- Contexto geral das operações;
- Base de preparação das demonstrações contábeis;
- Base de avaliação dos ativos e passivos e práticas contábeis aplicadas; e

- Detalhamento dos principais valores patrimoniais informados no balanço, tais como investimentos em outros negócios, imobilizado, financiamentos de projetos, passivos contingentes, seguros, arrendamentos mercantis etc.

4.12.5 Demonstrativo das contas da situação financeira

Para as contas de saldo da situação financeira, o mercado adota como prática a apresentação de demonstrativo específico.

A análise da situação financeira é apresentada pela demonstração dos fluxos de caixa, indicando o saldo das disponibilidades no início e no final do período e, separadamente, os valores de recursos financeiros movimentados nas atividades operacionais, nas atividades de investimento e nas atividades de financiamento.

Esse demonstrativo financeiro pode ser apresentado pela empresa, alternativamente, por meio de dois modelos, sendo um chamado de método direto e outro de método indireto (veja modelos no Apêndice).

Esses métodos diferem somente na análise dos fluxos das atividades operacionais, sendo idênticos na análise dos fluxos de investimentos e de financiamentos.

O método direto demonstra a variação no caixa derivada das movimentações financeiras ocorridas nas disponibilidades, ou seja, os recebimentos e pagamentos.

O método indireto, chamado, também, de reconciliação, demonstra a variação no caixa, partindo do valor do resultado econômico, ou seja, o lucro ou prejuízo do exercício, e eliminando por adição ou exclusão as receitas e despesas registradas que não tiverem afetado as disponibilidades do período.

4.12.6 Demonstrativo das contas do patrimônio líquido

Para analisar a evolução das contas do patrimônio líquido (capital, reservas e lucros retidos) é utilizada a demonstração das mutações do patrimônio líquido, (veja modelo no Apêndice), que indica, para cada conta do grupo, o saldo inicial e final do período e a movimentação ocorrida em cada uma.

4.12.7 Demonstrativo do resultado

Vimos, também, que a demonstração do resultado segue padrão universal de apresentação, analisando numa coluna vertical a evolução dos saldos das contas de resultado desde o apurado como receita bruta do período até a indicação do resultado líquido, que pode ser lucro ou prejuízo.

4.12.8 Demonstrativos financeiros obrigatórios

No Brasil, o mercado em geral segue esse padrão de prestação de contas, que faz parte das normas de Contabilidade e é, também, aquele exigido pela legislação aplicável às pessoas jurídicas em geral, que indica como obrigatórios, pelo menos uma vez no ano, os seguintes demonstrativos:

- Balanço patrimonial, com notas explicativas;
- Demonstração do resultado do exercício;
- Demonstração das mutações do patrimônio líquido; e
- Demonstração dos fluxos de caixa (exceto as empresas de capital fechado, não cotadas em Bolsa de Valores, de patrimônio líquido inferior a R$ 2 milhões).

Além desses demonstrativos, a legislação brasileira obriga, ainda, as empresas de capital aberto, ou seja, aquelas com ações de capital cotadas em Bolsa de Valores, a apresentarem, em suas prestações de contas, uma demonstração do valor adicionado (veja o modelo 9.5 no Apêndice). Esse demonstrativo é uma análise da geração de riqueza da atividade no período e da sua distribuição: (a) aos empregados, por meio de salários e benefícios; (b) ao governo, por meio de tributos; (c) aos financiadores do negócio, por meio de encargos financeiros e (d) aos sócios ou acionistas, por meio de distribuição de lucros.

Perguntas

1. O que é fato contábil em Contabilidade?

2. Se adquirirmos um bem com pagamento à vista, estaremos aumentando o patrimônio? E se adquirirmos com pagamento em prestações?

3. Se uma determinada compra não altera o valor do patrimônio, por que eu precisaria registrá-la na Contabilidade?

4. Em que consiste o livro diário?

5. Quais os dados que compõem um lançamento no diário?

6. Para que serve o livro razão?

7. Todos os planos de contas de indústrias de um mesmo ramo de negócios são iguais?

8. O que são subcontas? Para que servem?

9. Por que o ativo disponível é um patrimônio da mais alta sensibilidade?

10. Se vivo em um país que não tem inflação e moro num lugar muito seguro, o que perderia eu guardando dinheiro em casa?

11. Quais são os bens que formam a parte física do patrimônio?

12. Como é executado o controle quantitativo de cada item dos almoxarifados?

13. Como é executado o controle contábil de cada item dos almoxarifados?

14. Em que consiste a depreciação? Como deve ser calculada?

15. Se eu comprar um bem em liquidação por um valor abaixo do preço de mercado, devo registrá-lo na Contabilidade pelo valor de mercado ou pelo valor que comprei?

16. Como devemos agir se um item do estoque ficar obsoleto e não tiver chance de ser usado nem vendido?

17. Quais as origens das contas a receber?

18. Quais as informações que são necessárias para concessão de crédito?

19. O que é duplicata e para que serve?

20. O que é a demonstração de *aging* usada pela tesouraria?

21. Que tipo de créditos são usados pelas empresas para alavancar o seu negócio?

22. Qual é o instrumento que a Contabilidade usa para controlar o contas a pagar?

23. Que tipo de receita é auferida pelo titular de um bem patrimonial cedido para uso de terceiros?

24. Quando é que uma operação de venda resulta em prejuízo?

25. Quais os tipos de perdas involuntárias que podem ocorrer nos estoques?

26. Em que momento é registrada a receita na Contabilidade?

27. Como são registrados os juros sobre empréstimos a pagar?

28. Defina o que são custos e o que são despesas.

29. Qual a base para cálculo e registro dos gastos com o pessoal?

30. Se o lucro é condição de sobrevivência da empresa mercantil, qual é essa condição para a empresa sem fins lucrativos?

31. Quais as informações componentes da DRE?

32. O que significa o lucro bruto na DRE?

33. Quais as demonstrações financeiras obrigatórias no Brasil?

34. O que é a demonstração do valor adicionado e quais as empresas que são obrigadas a apresentá-la na prestação anual de contas?

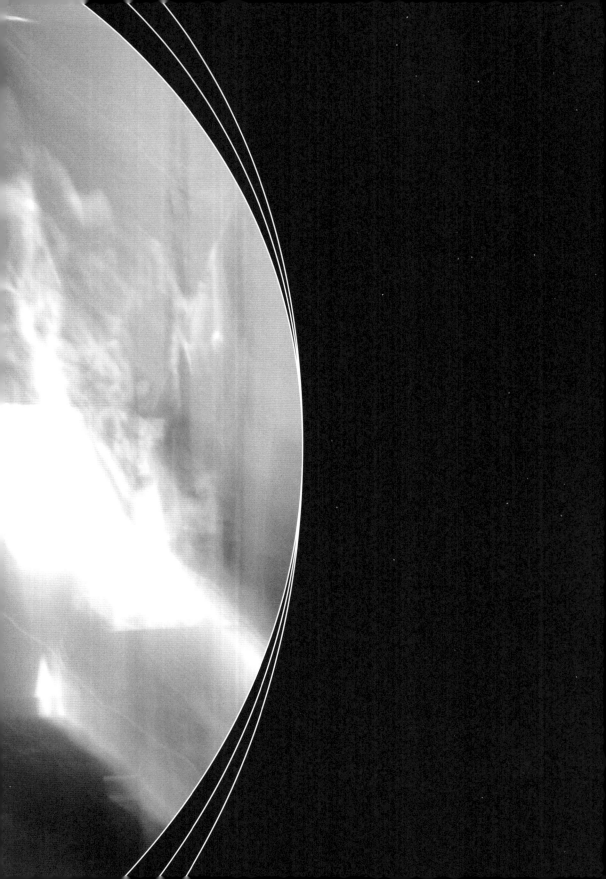

Apêndice

MODELOS DE DOCUMENTOS E DE INSTRUMENTOS DE CONTROLE CONTÁBIL

1 Nota Fiscal

1.1 Nota fiscal de venda de serviço

PREFEITURA DA CIDADE DE .... Secretária Municipal de Fazenda **NOTA FISCAL DE Serviços – NFS-e**		Número da Nota
		Data da Emissão
		Código de Verificação
PRESTADOR DO SERVIÇO		
Nome/ Razão Social:		
CPF/ CNPJ	Inscrição Municipal	Inscrição Estadual
Endereço:		
Município: UF: E-Mail:		
TOMADOR DO SERVIÇO		
Nome/Razão Social:		
CPF/ CNPJ	Inscrição Municipal	Inscrição Estadual
Endereço:		
Município: UF: E-Mail:		
DISCRIMINAÇÃO DOS SERVIÇOS		
VALOR DA NOTA FISCAL: R$	ISS – Alíquota:	
Deduções: R$	Base de Cálculo: R$	
Descontos: R$	Valor do Imposto: R$	

1.2 Espelho da nota fiscal/ fatura de venda de mercadorias
DANFE – Demonstrativo Auxiliar de Nota Fiscal Eletrônica

RAZÃO SOCIAL DA EMPRESA		DANFE	Código de Barras de Controle do Fisco	
Endereço:		Nº 00000		
Cidade e Estado:		Sem Valor Fiscal		
CNPJ:	Inscr. Est.:	Data:		
Natureza da Operação		Nº de Protocolo de Autorização de NF-e		
DESTINATÁRIO		CNPJ		Inscrição Estadual
Endereço:				
Cidade:		Estado:		CEP:
Fatura nº:	Vencimento:	Valor da Fatura R$:		
Código	Descrição	Quant.	Preço Unit.	Valor Total	Valor IPI	Preço Total

Base de Cálculo do ICMS: R$		Valor do ICMS: R$	
Valor do Frete: R$	Valor do Seguro: R$	Valor Total da Nota: R$	
Nome do Transportador:			CNPJ:
Endereço:		Cidade:	Estado:
Identificação do Veículo:		Quant. Volumes:	Espécie:
Peso Bruto:		Peso Líquido:	
Reservado ao Fisco			
Recebemos da Empresa XXXXXXXXXXXXXXXX os produtos constantes da Nota Fiscal indicada ao lado		NFe	
		Nº 00000	
Identificação e assinatura do recebedor		Data	

2 Duplicata

RAZÃO SOCIAL DA EMPRESA EMITENTE				DUPLICATA	
Endereço Completo				CNPJ: Inscrição Estadual:	
				Data da Emissão:	
Nº da Fatura	Nº da Duplicata	Valor	Vencimento	Para uso da Instituição Financeira	
Desconto de ....% sobre R$..................Até...../...../.....					
Condições Especiais:					
Nome do Sacado:					
Endereço:					
CEP: Município: Estado:					
CNPJ: Inscrição Estadual:					
Praça de Pagamento: (Município e Estado)					
Valor por extenso:					
Assinatura do Emitente	Reconhecemos a exatidão desta Duplicata de Venda Mercantil, na importância acima, que pagaremos ao emitente ou à sua ordem, na praça e vencimento indicados.				
	Assinatura do Sacado: Data:				

3 Recibo

RECIBO

R$ Valor

Recebi de .... (nome ou razão social) ...., inscrito no .... (CNPJ ou CPF) ... sob número ...., a importância supra de R$ valor (por extenso), referente ao pagamento (total e final ou da parcela X) pelo (fornecimento de tal mercadoria ou execução de tal serviço – discriminar quando forem vários).

Local e data

Assinatura: _____
Nome
Inscrição no CPF ou CNPJ

Gestão e controle do patrimônio

4 Contrato de compra e venda

CONTRATO COMERCIAL DE COMPRA E VENDA

OUTORGADO VENDEDOR — Empresa **X** (razão social completa) ou tal pessoa (nome completo), com endereço à (rua e número, cidade e estado), inscrita no (CPF ou CNPJ), sob número .... neste ato representada por .... (no caso de empresa)

OUTORGADO COMPRADOR — Empresa **Y** (razão social completa) ou tal pessoa (nome completo), com endereço à (rua e número, cidade e estado), inscrita no (CPF ou CNPJ), sob número .... neste ato representada por .... (no caso de empresa)

Aos ..... dias do mês de .... de 20 ..., as partes acima qualificadas concordaram com uma operação de compra e venda, formalizada pelo presente contrato nos seguintes termos:

I — DO OBJETO

(Descrição detalhada (quanto mais, melhor) com todas as especificações do bem, produto, mercadoria ou serviço.

NOTA: Este contrato não se aplica a bens imóveis, cuja transação tem que ser formalizada por escritura pública, lavrada em Cartório.

II — DO PREÇO

Indicação, na moeda corrente, do preço acordado, unitário e total, detalhando por tipo de item negociado.

III — DAS CONDIÇÕES DE PAGAMENTO

Detalhamento da forma de pagamento, se com sinal, se antecipado, se contra entrega, se parcelado ou financiado, em qual prazo, com ou sem acréscimos financeiros etc.

IV — DO PRAZO E CONDIÇÕES DE ENTREGA

Estabelecimento de prazo de entrega do que está sendo comprado e de multa por eventuais atrasos. (É comum a cobrança de multas diárias que podem variar, a critério do comprador, de um valor simbólico até 10% do preço da compra)

Sendo o objeto da compra sujeito a transporte, estabelecer o local de entrega, as condições da embalagem, o tipo de transporte e a responsabilidade pelo seguro e frete.

Local e data

V — ASSINATURA DAS PARTES

Vendedor   Comprador

5 Livro caixa

	LIVRO CAIXA (Em Reais)		
Mês:		Ano:	
Data	Histórico	Entrada	Saída
	(lançamentos detalhados do dia)		
Fim do dia	TOTAIS		

Variação do dia: (+/−)   R$

Saldo Inicial do Caixa   R$

Saldo Final do Caixa do dia: R$

6 Livro diário e modelos de lançamentos

LIVRO DIÁRIO			
Data	Histórico	DÉBITO	CRÉDITO
22.11.12	**a - lançamento da integralização de Capital no valor de R$ 200.000,00** Recebimento do pagamento da subscrição de Capital realizada pelo socio X Caixa Capital	200.000,00	200.000,00
23.11.12	**b - lançamento da compra à vista de móveis de escritório no valor de R$ 50.000,00** Compra de mesas, cadeiras e arquivos, conforme Nota Fiscal nº 001 de 23.11.12 da empresa Ribeiro & Lacombe Ltda. Móveis e Utensílios Caixa	50.000,00	50.000,00
24.11.12	**c - Compra de R$80.000,00 de mercadorias, sendo metade paga à vista e metade em 60 dias** Compra de 500 pares de calçados, conforme Nota Fiscal nº 115 de 24.11.12, da empresa Calçados Finos Indústria e Comércio Ltda. Estoques Caixa Fornecedores	80.000,00	40.000,00 40.000,00
25.11.12	**d - Venda de mercadorias no valor de R$ 90.000,00, sendo 10% à vista e 90% faturado para 30 dias.** Vendas efetuadas nesta data de 150 pares de calçado, conforme Notas Fiscais de nº 001 a 150. Caixa Duplicatas a Receber Vendas	9.000,00 81.000,00	90.000,00
25.11.12	**e - Registro do custo das vendas do dia** Custo das mercadorias vendidas nesta data pelas Notas Fiscais de nº 001 a 150. Custos dos Produtos Vendidos Estoques	24.000,00	24.000,00

7 Livro razão e modelos de lançamentos

\multicolumn{6}{c}{LIVRO RAZÃO CONTA CAPITAL}
Data	Histórico	DÉBITO	CRÉDITO	SALDO	D/C
22.11.12	Integralização do sócio X		200.000,00	200.000,00	C
\multicolumn{6}{c}{CONTA CAIXA}
22.11.12	Recebimento da integralização de Capital do Sócio X	200.000,00		200.000,00	D
23.11.12	Pagamento da compra de móveis de escritório, conforme Nota Fiscal nº 001 da empresa Ribeiro & Lacombe Ltda.		50.000,00	150.000,00	D
24.11.12	Pagamento da compra de mercadorias conforme Nota Fiscal nº 115 da empresa Calçados Finos Indústria e Comércio Ltda.		40.000,00	110.000,00	D
25.11.12	Recebimento de venda, à vista, conforme Notas Fiscais de 001 a 080.	9.000,00		119.000,00	D
\multicolumn{6}{c}{CONTA MÓVEIS E UTENSÍLIOS}
23.11.12	Compra de mesas, cadeiras e arquivos, conforme Nota Fiscal nº 001 de 23.11.12 da empresa Ribeiro & Lacombe Ltda.	50.000,00		50.000,00	D
\multicolumn{6}{c}{CONTA ESTOQUES}
24.11.12	Compra de 500 pares de calçados conforme Nota Fiscal nº 115 de 24.11.12, da empresa Calçados Finos Indústria e Comércio Ltda.	80.000,00		80.000,00	D
25.11.12	Mercadorias vendidas, conforme Notas Fiscais de nº 001 a 150		24.000,00	56.000,00	D
\multicolumn{6}{c}{CONTA FORNECEDORES}
24.11.12	Compra de mercadorias a prazo, conforme Nota Fiscal nº 115 de 24.11.12 da empresa Calçados Finos Indústria e Comércio Ltda.		40.000,00	40.000,00	C
\multicolumn{6}{c}{CONTA DUPLICATAS A RECEBER}
25.11.12	Faturamento de vendas a prazo, conforme Notas Fiscais nº 081 a 150 e Duplicata nº 001.	81.000,00		81.000,00	D
\multicolumn{6}{c}{CONTA VENDAS}
25.11.12	Vendas realizadas no dia conforme Notas Fiscais nº 001 a 150.		90.000,00	90.000,00	C
\multicolumn{6}{c}{CONTA CUSTO DOS PRODUTOS VENDIDOS}
25.11.12	Custo dos produtos vendidos pelas Notas Fiscais de nº 001 a 150.	24.000,00		24.000,00	D

8 Registro do inventário de estoque de mercadorias

REGISTRO DE INVENTÁRIO				
Exercício Encerrado em 31 de dezembro de 2012				
Descrição		Quantidade	Preço	
Código	Nome		Unitário	Total
P 037	sapato masculino preto	15	133,00	1.995,00
M 037	sapato masculino marrom	18	133,00	2.394,00
P 038	sapato masculino preto	12	133,00	1.596,00
M 038	sapato masculino marrom	14	133,00	1.862,00
P 039	sapato masculino preto	16	133,00	2.128,00
M 039	sapato masculino marrom	17	133,00	2.261,00
P 040	sapato masculino preto	15	133,00	1.995,00
M 040	sapato masculino marrom	20	133,00	2.660,00
P 041	sapato masculino preto	13	133,00	1.729,00
M 041	sapato masculino marrom	10	133,00	1.330,00
PF 36	sapato feminino preto	18	180,25	3.244,50
MF 36	sapato feminino marrom	14	180,25	2.523,00
PF 37	sapato feminino preto	17	180,25	3.064,25
MF 37	sapato feminino marrom	18	180,25	3.244,50
BF 37	sapato feminino branco	14	180,25	2.523,50
PF 38	sapato feminino preto	12	180,25	2.163,00
MF 38	sapato feminino marrom	10	180,25	1.802,50
BF 38	sapato feminino branco	10	180,25	1.802,50
PF 39	sapato feminino preto	17	180,25	3.064,25
MF 39	sapato feminino marrom	10	180,25	1.802,50
BF 39	sapato feminino branco	15	180,25	2.703,75
PF 40	sapato feminino preto	14	180,25	2.523,50
MF 40	sapato feminino marrom	15	180,25	2.703,75
BF 40	sapato feminino branco	16	180,25	2.884,00
Total		350		56.000,00

9 Modelos dos demonstrativos financeiros obrigatórios

9.1 Balanço patrimonial

Balanço Patrimonial Exercício Encerrado em 31 de dezembro de 2012 (Em Reais)					
Ativo			**Passivo**		
	2012	2011		2012	2011
CIRCULANTE			**CIRCULANTE**		
Caixa e Bancos			Fornecedores		
Aplicações Financeiras			Empréstimos Bancários		
Estoques			Impostos a Pagar		
Duplicatas			Outras Contas a Pagar		
NÃO CIRCULANTE			**NÃO CIRCULANTE**		
REALIZÁVEL A LONGO PRAZO			EXIGÍVEL A LONGO PRAZO		
Empréstimos a Controladas			Financiamentos de Projetos		
INVESTIMENTOS					
Participações em Controladas					
IMOBILIZADO					
Edifícios					
Terrenos					
Móveis e Utensílios					
Máquinas e Equipamentos			**PATRIMÔNIO LÍQUIDO**		
Instalações			Capital		
Veículos			Reservas de Capital		
INTANGÍVEL			Reservas de Lucros		
Marcas e Patentes			Resultado do Exercício		
TOTAL			**TOTAL**		

9.2 Demonstração do Resultado do Exercício – DRE

DEMONSTRAÇÃO DO RESULTADO DO EXERCÍCIO
(Em Reais)
Exercício Findo em 31 de dezembro de 2012

	2012	%	2011	%
RECEITA BRUTA				
Impostos sobre Vendas				
RECEITA LÍQUIDA		100,0		100,0
Custo de Vendas				
LUCRO BRUTO				
Despesas Operacionais				
Administrativas				
Comerciais				
Financeiras				
LUCRO OPERACIONAL				
Imposto de Renda e CSLL				
LUCRO LÍQUIDO				

9.3 Demonstração das mutações do patrimônio líquido

	Capital Social	Reservas de Lucros		Lucros Acumulados	Total
DEMONSTRAÇÃO DAS MUTAÇÕES DO PATRIMÔNIO LÍQUIDO Exercícios Encerrados em 31 de dezembro de 2011 e 2012 (Em Reais)					
		Legal	Estatuária		
Em 31 de dezembro de 2010					
Capitalização de Reservas de Lucros					
Integralização de Capital					
Lucro Líquido do Exercício					
Constituição de Reserva Legal					
Constituição de Outras Reservas					
Remuneração aos Acionistas					
Em 31 de dezembro de 2011					
Capitalização de Reservas de Lucros					
Integralização de Capital					
Lucro Líquido do Exercício					
Constituição de Reserva Legal					
Constituição de Outras Reservas					
Remuneração aos Acionistas					
Em 31 de dezembro de 2012					

9.4 Demonstrativo dos fluxos de caixa

9.4.1 Modelo alternativo do método direto

DEMONSTRAÇÃO DOS FLUXOS DE CAIXA Exercício encerrado em 31 de dezembro de 2012 (Em Reais)		
	2012	2011
Fluxos de Caixa Originados de:		
Atividades Operacionais		
Valores Recebidos de Clientes		
Imposto de Renda e Contribuição Social Pagos		
Pagamentos de Contingências		
Recebimentos de Reembolso de Seguros		
Recebimentos de Dividendos		
Outros Recebimentos (Pagamentos) Líquidos		
Disponibilidades Líquidas Geradas pelas Atividades Operacionais – A		
Atividades de Investimento		
Compras de Imobilizado		
Aquisição de Participações Societárias		
Recebimentos de Vendas de Ativo Permanente		
Juros Recebidos de Contratos de Mútuo		
Valor das Atividades de Investimento – B		
Atividades de Financiamento		
Integralização de Capital		
Pagamentos de Dividendos		
Juros Recebidos de Empréstimos		
Juros Pagos por Empréstimos		
Empréstimos Tomados		
Pagamentos de Empréstimos		
Disponibilidades Líquidas Geradas pelas Atividades de Financiamento – C		
Aumento (Diminuição) das Disponibilidades: A + B + C		
Disponibilidades no Início do Período		
Disponibilidades no Fim do Período		

9.4.2 Modelo alternativo do método indireto

DEMONSTRAÇÃO DOS FLUXOS DE CAIXA Exercício encerrado em 31 de dezembro de 2012 (Em Reais)		
FLUXOS DE CAIXA DAS ATIVIDADES OPERACIONAIS	2012	2011
Resultado do Exercício		
AJUSTES PARA CONCILIAR O RESULTADO ÀS DISPONIBILIDADES GERADAS PELAS ATIVIDADES OPERACIONAIS Depreciação e Amortização Perda Cambial Encargos Financeiros Renda de Investimentos Provisões Diversas		
LUCRO OPERACIONAL BRUTO ANTES DAS MUDANÇAS NO CAPITAL DE GIRO		
VARIAÇÕES NOS ATIVOS OPERACIONAIS (Aumento) Diminuição em Contas a Receber (Aumento) Diminuição nos Estoques (Aumento) Diminuição em Outras Contas a Receber		
Sub-Total de Variações Ativas		
VARIAÇÕES NOS PASSIVOS OPERACIONAIS Aumento (Diminuição) em Fornecedores Aumento (Diminuição) em Outras Contas a Pagar Aumento (Diminuição) em Impostos a Pagar		
Sub-Total de Variações Passivas		
CAIXA PROVENIENTE DAS ATIVIDADES OPERACIONAIS Pagamento de Encargos Financeiros Pagamento de Imposto de Renda e Contribuição Social		
CAIXA LÍQUIDO DAS ATIVIDADES OPERACIONAIS		
FLUXO DE CAIXA DAS ATIVIDADES DE INVESTIMENTO Compras de Imobilizado Aquisição de Participações Acionárias Recebimentos de Vendas de Ativo Permanente Juros Recebidos de Contrato de Mútuo		
CAIXA LÍQUIDO DAS ATIVIDADES DE INVESTIMENTO		
FLUXO DE CAIXA DAS ATIVIDADES DE FINANCIAMENTO Integralização de Capital Pagamentos de Lucros e Dividendos Juros Recebidos por Empréstimos Juros Pagos por Empréstimos Empréstimos Tomados Pagamento de Empréstimos		
CAIXA LÍQUIDO DAS ATIVIDADES DE FINANCIAMENTO		
AUMENTO (REDUÇÃO) NAS DISPONIBILIDADES		
CAIXA NO INÍCIO DO PERÍODO		
CAIXA NO FINAL DO PERÍODO		

9.5 Demonstração do valor adicionado

DEMONSTRAÇÃO DO RESULTADO DO EXERCÍCIO Exercício Findo em 31 de dezembro de 2012 (Em Reais)				
	2012	%	2011	%
RECEITAS Vendas de Mercadorias Produtos e Serviços Provisão para Devedores Duvidosos Resultados Não Operacionais				
INSUMOS ADQUIRIDOS DE TERCEIROS Materiais Consumidos Outros Custos de Produtos e Serviços Vendidos Energia, Serviços de Terceiros e Outras Despesas Operacionais Perdas na Realização de Ativos				
RETENÇÕES Depreciações e Amortizações				
VALOR ADICIONADO LÍQUIDO PRODUZIDO PELA ENTIDADE				
VALOR ADICIONADO RECEBIDO EM TRANSFERÊNCIA Resultados de Equivalência Patrimonial Dividendos de Investimentos Avaliado ao Custo de Aquisição Receitas Financeiras Aluguéis e Royalties				
VALOR ADICIONADO TOTAL A DISTRIBUIR		100,0		100,0

DISTRIBUIÇÃO DO VALOR ADICIONADO
Empregados
    Salários e Encargos
    Comissões sobre Vendas
    Honorários de Diretoria
    Participação dos Empregados nos Lucros
    Planos de Aposentadoria e Pensão
Tributos
    Federais
    Estaduais
    Municípais
    Menos: Incentivos Fiscais
Financiadores
    Juros
    Aluguéis
Juros sobre Capital Próprio e Dividendos
Lucros Retidos/Prejuízo do Exercício				

GLOSSÁRIO

Acionista: Pessoa física ou jurídica que possui uma ou mais ações, ordinárias ou preferenciais, componentes do capital de uma sociedade anônima. Todo acionista tem direito a receber dividendos e a exercer o direito de subscrição no caso de emissão de novas ações, proporcionalmente ao número de ações possuídas. É o acionista quem fornece o capital próprio da empresa. Somente o acionista ordinário tem direito a voto nas assembleias gerais da empresa, enquanto o acionista preferencial tem direito de preferência no recebimento de dividendos.

Ajuste contábil: Acerto do saldo de uma conta de estoque, com o lançamento que iguala o valor contábil de um item de almoxarifado com o valor da quantidade real, apurada em inventário.

Almoxarifado: Local de armazenamento e guarda de materiais. Uma empresa pode possuir vários almoxarifados para cada tipo de produto e material.

Amortização: Redução de um valor ao longo do tempo; por exemplo, pagamento de um empréstimo em parcelas periódicas, diminuindo o valor do débito gradualmente no decorrer de um período predeterminado. Muitas vezes, o termo amortização é usado com o mesmo sentido que depreciação, mas, de preferência, só deve ser utilizado, nesse sentido, no caso da redução progressiva do valor dos ativos intangíveis.

Ativo: Qualquer bem ou direito que tenha valor de mercado e seja legalmente propriedade de uma pessoa ou empresa. Normalmente, um ativo deve ser capaz de contribuir para a produção de uma renda para o seu proprietário, seja pela sua realização em dinheiro, seu uso, consumo ou comercialização. No demonstrativo do balanço patrimonial, o ativo é registrado na coluna da esquerda.

Ativo circulante: Valores de uma empresa representados por disponibilidades ou que estão investidos em estoques, em créditos de curto prazo e em investimentos financeiros. As disponibilidades são o dinheiro em caixa, os depósitos bancários em conta movimento e em aplicações remuneradas de pronto resgate; os estoques podem ser de matérias-primas, materiais em processamento, produtos acabados, materiais auxiliares de produção e materiais de consumo; os créditos de curto prazo são, principalmente, créditos aos clientes por vendas a prazo; e as aplicações financeiras são os recursos com remuneração aplicados a curto prazo, isto é, em prazo inferior a 12 meses. Os ativos circulantes são aqueles que, quase sempre, podem ser convertidos com facilidade em dinheiro, em prazo inferior a 12 meses da data do balanço.

Ativo fixo: Ativo imobilizado tangível usado nas operações de um negócio e que não se consome por intermédio das operações, como: imóveis, instalações, equipamentos, máquinas, móveis e outros. Esses ativos, porém, podem desgastar-se com o uso ou se tornar obsoletos em função da evolução tecnológica. Por isso, precisam ser depreciados no curso de sua vida útil e devem aparecer nas demonstrações financeiras registrados pelo seu valor líquido, isto é, custo de aquisição após a depreciação. Integram o valor desses ativos todos os gastos incorridos para colocá-los em uso, inclusive transporte, instalação, ajustes e testes. Em geral, esses ativos têm baixa liquidez.

Ativo Imobilizado: Soma dos ativos fixos e dos ativos intangíveis.

Ativo intangível: Ativos que não têm substância física, mas proporcionam benefícios econômicos, tais como: competência dos gerentes, sua experiência e seu conhecimento da empresa, sistemas administrativos, patentes, *softwares* desenvolvidos pela empresa, relações com os clientes atuais e potenciais e o conhecimento das suas preferências, relações com os fornecedores atuais e potenciais e conhecimento dos seus pontos fortes e fracos, marcas e patentes registradas, imagem da empresa perante o público em geral e a mídia, gastos diferidos de projetos, pesquisas em desenvolvimento, manuais, franquias, contratos vencíveis de concessão de serviços públicos, *copyright* e propriedade intelectual. Somente aqueles que originaram gastos aparecem, com esses valores, nos demonstrativos financeiros. Esse tipo de valor patrimonial é também conhecido como ativo imaterial ou ativo incorpóreo.

Ativo não circulante: São as contas a receber vencíveis a longo prazo (mais de 12 meses da data do balanço), outros ativos realizáveis a longo prazo tais como depósitos em caução e tributos a recuperar, as contas de investimentos permanentes no capital de empresas coligadas e controladas, as contas do imobilizado de uso, também denominado ativo fixo (edifícios, terrenos, móveis e utensílios, máquinas e equipamentos, instalações, veículos etc.) e os ativos intangíveis, tais como marcas e patentes e despesas diferidas.

Bem físico: É um bem corpóreo, ou seja, com substância física, tais como dinheiro, joias, obras de arte, móveis, imóveis, veículos, máquinas, ferramentas etc.

Cadeia de valor: Conjunto de atividades produtivas executadas em um conjunto de diversas empresas, formando uma aliança que adiciona valor aos insumos em diferentes etapas do processo produtivo, o que resulta em um produto cujo valor permite a esse conjunto de empresas competir em determinado ramo de negócios, proporcionando produtos e serviços ao consumidor final. Considerando o posicionamento de determinada firma no meio desse ciclo produtivo, as empresas que produzem insumos para essa firma ou para uma empresa que produz insumos para ela se dizem "a montante" na cadeia de valor e a cadeia se diz cadeia de valor anterior, e as que usam como insumo o produto daquela firma ou um produto de uma empresa que usa o produto dela como insumo se dizem "a jusante" na cadeia de valor e a cadeia se diz cadeia de valor posterior. Os termos "montante" e "jusante", emprestados do estudo dos rios, têm sido muito usados. A administração da cadeia de valor requer ampla cooperação entre as diversas empresas que a constituem, incluindo, em muitos casos, o consumidor final.

Cheque: Ordem de pagamento à vista emitida por uma pessoa física ou jurídica (sacador), em impresso oficial de uma instituição financeira (sacado), autorizada a operar com depósitos à vista, para que a referida instituição transfira para outra pessoa (beneficiária) determinada quantia especificada no documento tanto em algarismos como por extenso. O emitente do cheque terá de possuir recursos financeiros depositados em conta movimento na instituição financeira em valor superior ao do cheque emitido. O beneficiário pode, no verso do cheque, endossá-lo para outra pessoa.

Competência: Método de apropriação de débitos e créditos, pelo qual as receitas e custos devem ser apropriados na data em que foram assumidos os compromissos para o seu recebimento ou pagamento, independentemente da efetivação do recebimento ou pagamento. Indica que o reconhecimento da receita é no momento da efetivação do negócio e independe do recebimento do dinheiro e o registro dos custos e despesas é no ato de sua ocorrência e independe do seu efetivo pagamento.

Conta analítica: São contas de detalhamento do saldo na conta sintética do plano de contas para controlar os valores patrimoniais analíticos, tais como saldos bancários por banco, contas a receber por cliente, contas a pagar por credor e contas de estoque por tipo de mercadoria.

Conta sintética: São as contas resumo que compõem o plano de contas e que se desdobram em contas analíticas.

Contabilidade: Técnica de classificação, registro, análise e informação dos fatos e atos administrativos e econômico-financeiros de uma organização ou de um país, de acordo com um planejamento definido e sintetizado no plano de contas da organização ou governo, especialmente o registro e a análise dos valores pagos, recebidos, devidos e a receber. O princípio básico da Contabilidade é o método das partidas dobradas, pelo qual, para cada débito, deve corresponder um crédito de igual valor e vice-versa, e é utilizado desde a Idade Média. O objetivo da Contabilidade é fornecer informações corretas sobre a evolução do patrimônio e a situação econômica e financeira a acionistas, administradores, credores, governo e público em geral. Os registros contábeis devem respeitar normas padronizadas e critérios e convenções aceitas de âmbito universal.

Contrato social: Contrato em que são definidos os direitos e as obrigações dos sócios de uma empresa, bem como os objetivos e a forma de gestão da sociedade. Também denominado contrato de associação. Esse contrato, quando referente a uma sociedade mercantil, deve ser registrado na Junta Comercial. No caso de uma sociedade civil sem fins lucrativos, o contrato deve ser registrado no Cartório do Registro Civil de Pessoas Jurídicas.

Crédito: Contrapartida do registro de um débito, que pode representar uma receita ou o reconhecimento de um direito que tem uma pessoa física ou jurídica de receber determinado valor de outra pessoa física ou jurídica. O lançamento de um crédito indica uma redução dos ativos ou aumento do exigível ou do patrimônio líquido. Do ponto de vista contábil, o crédito de uma conta não significa crédito da empresa em relação a terceiros, mas sim crédito da conta em relação à própria empresa. Assim, uma conta a receber tem sempre saldo devedor e uma conta a pagar tem saldo credor.

CSLL: Sigla de Contribuição Social Sobre o Lucro Líquido, devida pelas empresas sobre o lucro tributável e recolhida junto com o Imposto de Renda.

Custo: São denominados custos os gastos diretamente relacionados à produção ou compra de um bem, ou à execução de um serviço. Todo bem, produto ou mercadoria que passa por um processo de manufatura exigirá o encargo direto de itens tais como matéria-prima, mão de obra e gastos gerais de fabricação. Esse conjunto de gastos forma o custo do produto. Na venda de prestação de serviços é importante identificar, dentre os diversos gastos incorridos, aqueles diretamente relacionados à execução do serviço, tais como remuneração de pessoal, locomoção, estada, material de consumo etc., para formação do custo total do serviço.

Custódia: Guarda de coisa alheia tais como valores, ações e títulos mobiliários em instituição financeira. A custódia, quando feita em banco, além de dar mais segurança ao custodiante, permite que a instituição financeira, mediante procuração, receba remunerações geradas pelos ativos custodiados e as credite diretamente na conta corrente do custodiante. Pelos serviços prestados de custódia, o custodiante paga uma quantia estipulada em contrato específico para esse fim.

Debênture: Título mobiliário representativo de uma dívida de longo prazo, emitido por uma sociedade anônima, que proporciona um juro contratual. A debênture pode ser resgatável depois de determinado prazo e pode, em alguns casos, ser conversível em ações, em geral por opção do comprador e em um período estabelecido. A debênture pode não ter data fixada para resgate e se diz, nesse caso, perpétua. No Brasil, não existem mais debêntures ao portador. Quando o valor do reembolso, ou do juro periódico pago pela debênture, varia com determinado índice, ela se diz indexada ou reajustável. Trata-se de um título negociável no mercado de balcão. A emissão de debêntures se faz mediante uma escritura de emissão, que é um documento legal que estipula os direitos e obrigações da empresa e os direitos dos debenturistas: condições de remuneração, prazo de resgate, garantias, conversibilidade, obrigações da empresa quanto à manutenção da liquidez e das condições dos ativos etc.

Débito: Contrapartida do registro de um crédito que pode representar um custo ou despesa, a aquisição ou aumento de um ativo ou uma redução de passivo. Do ponto de vista contábil, o débito de uma conta não significa débito da empresa em relação a terceiros, mas sim débito da conta em relação à própria empresa. Assim, o caixa da empresa tem sempre saldo devedor e o capital tem saldo credor.

Déficit: Diferença entre pagamentos e recebimentos em determinado período, quando os pagamentos superam os recebimentos, ou diferença entre os gastos e as receitas, quando os gastos superam as receitas. Em geral, o déficit é calculado em valores correntes.

Depreciação: Diminuição do valor de qualquer ativo, inclusive a moeda. Termo utilizado em Contabilidade para identificar a diminuição do valor de um ativo fixo, no curso de sua vida útil, em virtude do desgaste pelo uso ou da obsolescência técnica. A depreciação pode ser considerada consumo do estoque de capital físico e, portanto, despesa operacional ou custo de produção. Existem vários critérios utilizados em Contabilidade com a finalidade de refletir essa redução do valor nos registros contábeis. Na prática, equivale a distribuir o custo de um ativo pelo período da sua vida útil. A depreciação é calculada no Brasil obedecendo a um sistema convencional de atribuir ao item imobilizado uma quantidade de anos de vida útil e, com base nesse número de anos, atribuir, linearmente, a cada ano, a porcentagem proporcional de depreciação.

Despesa: São denominadas despesas os gastos relacionados às atividades administrativas, comerciais e financeiras das operações e da gestão patrimonial. As despesas administrativas abrangem os gastos operacionais dos serviços tais como: direção geral, gestão dos recursos humanos, Contabilidade, tesouraria, planejamento e controle, impostos, serviços jurídicos e fiscais, administração dos sistemas de informação etc. As despesas comerciais são todos os gastos relacionados com a estrutura de distribuição e vendas, com a propaganda e publicidade e com as campanhas de promoção de vendas. As despesas financeiras são os juros passivos e despesas bancárias, pagos nas operações comerciais e nos financiamentos obtidos para alavancagem dos negócios. Essas despesas registradas pela Contabilidade são totalizadas e informadas nos relatórios financeiros, líquidas das receitas financeiras também registradas, pelos valores de juros ativos auferidos nas aplicações financeiras de recursos disponíveis e nos financiamentos concedidos. Assim, o total apurado e informado das despesas financeiras será sempre líquido, pela dedução das receitas financeiras apuradas com juros ativos auferidos no período.

Despesas administrativas: *Ver Despesa*

Despesas comerciais: *Ver Despesa*

Despesas financeiras: *Ver Despesa*

Disponibilidades: São os recursos financeiros compostos por dinheiro em caixa, saldos credores nas contas movimento de depósitos à vista em bancos (para saques com cheque ou cartão), joias e metais preciosos certificados e de fácil comercialização e as aplicações financeiras em fundos de renda, com faculdade de resgate mediante ordem do aplicador.

Duplicata: Título de crédito emitido por uma empresa que vendeu a prazo um produto ou serviço. É uma cópia da fatura, sem identificar, no entanto, o produto ou serviço objeto da operação mercantil. São requisitos essenciais da duplicata os seguintes: (a) denominação "duplicata", data de emissão e número de ordem; (b) número da fatura que a originou e data do vencimento; (c) nomes e domicílios do vendedor e do comprador; (d) praça de pagamento e importância a pagar; (e) declaração de reconhecimento de sua exatidão e obrigação de pagá-la, a ser assinada pelo devedor; e (f) assinatura do emitente vendedor.

Empresa privada: Empresa criada com recursos de pessoas da iniciativa privada, com objeto definido, para atender uma demanda da sociedade e obter um retorno sob a forma de lucro. A instituição privada pode também ser criada para atuar sem fins lucrativos nos diversos campos dos serviços sociais, esportivos, religiosos etc.

Empresa pública: Empresa criada por lei pelo governo com recursos públicos orçamentários para integrar sua estrutura, de acordo com as conveniências da sociedade. Ela pode estar nas esferas federal, estadual e municipal.

Estatuto social: Instrumento fundamental para criação de uma sociedade anônima, no qual são estabelecidos o objeto social, a estrutura do capital, a estrutura e os poderes dos órgãos de administração, os direitos e os deveres dos acionistas e as normas operacionais.

Estoque: Os almoxarifados de matéria-prima armazenada, de produtos em processamento, de componentes de conjuntos, de materiais de manutenção e consumo, de produtos acabados e de mercadorias para comercialização.

Euro: Unidade monetária oficial de curso forçado nos países que adotaram a unidade monetária da União Europeia, escrituralmente em 1º de janeiro de 1999, e como moeda corrente desde 1º de janeiro de 2002, a saber: Alemanha, Áustria, Bélgica, Espanha, Finlândia, França, Grécia, Holanda, Irlanda, Itália, Luxemburgo e Portugal. O Banco Central Europeu, sediado em Bruxelas, passou a conduzir a política econômica dos países que adotaram a moeda comum. Desde o Tratado da União Europeia, assinado em 1992, em Maastricht, foi aprovada a intenção de unificar as moedas desses países. Para um país adotar o euro é preciso assumir um conjunto de compromissos relacionados às suas metas de inflação, suas taxas de juros de longo prazo e à sua política fiscal, com limites rígidos ao déficit público, que não foi seguido por alguns países. Dinamarca, Suécia e o Reino Unido preferiram não adotar o euro.

Fato contábil: Todo evento que cause um aumento ou diminuição do valor líquido do patrimônio ou uma mudança na estrutura do ativo ou do passivo do balanço patrimonial.

Fatura: Documento datado e numerado, entregue pelo vendedor ao comprador, no qual se indicam os nomes de ambos, a inscrição de cada um deles no Cadastro Nacional da Pessoa Jurídica do Ministério da Fazenda, a descrição, a quantidade e o preço das mercadorias transacionadas. A fatura comprova a venda de um bem ou um serviço para pagamento a prazo.

Fluxo de caixa: Movimento financeiro representado geralmente pelas entradas dos recebimentos de vendas à vista, de contas a receber, de empréstimos e de integralizações de capital e das saídas de recursos para pagamentos de custos ou despesas, de empréstimos vencidos, de contas a pagar e de investimentos e compra à vista de ativos.

Franquia: 1. Método de comercialização de produtos ou serviços, pelo qual uma empresa, denominada franqueada, obtém, mediante contrato, o direito de uso de uma marca e assistência técnica para a comercialização e para a manutenção de padrões de qualidade estabelecidos pelo franqueador em troca do pagamento de uma quantia preestabelecida no contrato de franquia. O franqueador, por seu lado, compromete-se a manter uma propaganda institucional, a ceder o *know-how* sobre os processos padronizados de produção e comercialização, a proporcionar a mencionada assistência técnica e administrativa, além de ceder o uso da marca que lhe pertence nos termos e nas condições previstos no contrato. **2.** Valor inicial de uma importância segurada que não está coberta pela apólice do seguro, isto é, o segurado fica responsável como segurador de si mesmo até aquele limite.

Fundo de comércio: Valores intangíveis do ativo de uma empresa, tais como: sua boa reputação, o nome da empresa, as patentes, as marcas registradas, o know-how, os contratos de exclusividade, uma localização privilegiada, a fidelidade da clientela, as relações com os clientes, as relações com os fornecedores, as marcas dos produtos, direitos de contratos etc., os quais dão à empresa certa vantagem competitiva. O fundo de comércio pode ser estimado pela diferença entre o valor patrimonial contábil de uma empresa e o seu valor de mercado, cotado em bolsa ou calculado com base no valor presente descontado do seu fluxo futuro de caixa.

Instituições financeiras: Empresas organizadas para explorar serviços nas áreas financeira e de mercado de capitais, subordinadas à legislação específica e à autorização e controle do Banco Central do Brasil.

Instituições previdenciárias: Empresas organizadas para explorar serviços nas áreas de previdência e seguro social, subordinadas à legislação específica e à autorização e controle da Secretaria de Políticas de Previdência Social.

Instituições securitárias: Empresas organizadas para explorar serviços no ramo de seguros, subordinadas à legislação específica e à autorização e controle da Superintendência de Seguros Privados.

LAIR: Sigla que identifica o lucro líquido apurado nas operações, antes da dedução do valor do Imposto de Renda a pagar sobre esse lucro.

Lançamento: Ato de efetuar um registro contábil. O lançamento é composto pelos seguintes dados: (a) data do fato; (b) indicação da(s) conta(s) a ser(em) debitada(s); (c) indicação da(s) conta(s) a ser(em) creditada(s); (d) valor do fato, na moeda corrente, a ser lançado em cada conta, se a débito ou a crédito, conforme indicado; (e) histórico descritivo do fato.

Lançamento composto: É aquele registro contábil em que, no débito ou no crédito, movimenta mais de uma conta.

Lançamento simples: É aquele registro contábil em que o valor do débito vai para uma só conta e o valor do crédito no mesmo valor, também, vai para uma só conta.

Leasing: Palavra da língua inglesa, incorporada ao português para significar a forma de usar um bem sem comprá-lo, baseado no princípio de que o lucro é gerado por quem usa o bem e não por quem o possui. O *leasing* pode ser financeiro ou operacional. O *leasing* financeiro se chama em português "arrendamento financeiro" e o *leasing* operacional se denomina "arrendamento mercantil" ou "operacional". O *leasing* financeiro é uma operação de arrendamento de um bem em que uma empresa financeira de leasing cede o direito de uso do bem a uma empresa arrendatária que necessita utilizá-lo, cobrando-lhe uma quantia pelo direito ao uso estipulada no contrato e admitindo que, no final de determinado período, o usuário faça a opção de compra do bem pagando apenas o preço residual, usando os pagamentos efetuados como se fossem amortizações. No *leasing* financeiro, o arrendatário é responsável pela manutenção do equipamento. O *leasing* é frequentemente utilizado para fins tributários, pois permite deduzir o valor integral dos pagamentos como despesa nos registros contábeis. Em geral, esses pagamentos têm valor superior à depreciação do mesmo bem se ele fosse comprado pela empresa. A empresa estará, portanto, diferindo Imposto de Renda. Neste tipo de *leasing*, os contratos não são canceláveis e o arrendatário não pode devolver o bem ao arrendador e equivale, portanto, para fins práticos, a uma compra.

Letra de câmbio: 1. Documento enviado pelo exportador, após o embarque da mercadoria, contra o importador. Esse documento é enviado a um banco do país importador, que efetuará a cobrança contra a entrega dos documentos da exportação. Também se diz saque. **2.** Título de crédito vendido por instituições financeiras para financiar empresas mercantis.

Liquidez: 1. Disponibilidade em moeda corrente e em títulos e valores que são fácil e rapidamente conversíveis em dinheiro. **2.** Característica que possui um ativo real de poder ser vendido com relativa facilidade, sem que essa venda implique grande perda de capital. Moeda corrente é o ativo mais líquido e os demais ativos são mais ou menos líquidos conforme sua capacidade de serem transformados em moeda corrente sem perda de valor. O volume de transações com determinado tipo de ativo dá uma medida da liquidez desse ativo.

Livro caixa: É o razão auxiliar da conta caixa, onde é feito o registro diário, por operação, da movimentação de entradas e saídas de recursos financeiros.

Livro diário: Livro de escrituração contábil, obrigatório por lei, em que os fatos contábeis da empresa são registrados em lançamentos por ordem cronológica. O diário deve ser encadernado e registrado na Junta Comercial e conter um termo de abertura e um termo de encerramento. Não pode conter rasuras, emendas ou linhas em branco.

Livro razão: Livro obrigatório de escrituração contábil em que os débitos e créditos são registrados em cada uma das contas e subcontas previstas no plano de contas da organização. Cada folha do razão é destinada a uma conta. Os saldos das contas do razão constituem a base dos demonstrativos financeiros. Em cada conta no livro razão é feito o lançamento do valor do fato contábil, indicando a data e o valor, identificado se a débito ou a crédito, apurando-se simultaneamente o saldo da conta, se devedor (D) ou credor (C).

Lucro: 1. A diferença entre o preço e o custo de um produto ou serviço é chamado lucro bruto. **2.** A diferença entre as receitas totais e os custos e despesas totais de uma organização em determinado período fiscal é chamado lucro operacional, também conhecido pela sigla LAIR. **3.** O LAIR depois de deduzido o valor do Imposto de Renda a pagar é chamado lucro líquido.

Marca: Nome, expressão, logotipo, *jingle*, embalagem ou símbolo característico que identifica uma organização, um fabricante ou um produto para o público em geral. Constitui-se de letras, desenhos ou uma combinação desses elementos, podendo formar um nome ou não. É registrado em órgão competente a fim de garantir seu uso com exclusividade pela organização, identificado pelo símbolo ®. Trata-se de um ativo intangível.

Mutações do patrimônio líquido: Demonstração obrigatória da evolução das contas do capital social, reservas e lucros acumulados, formadoras do patrimônio líquido, no curso do exercício social.

Nota fiscal: Documento obrigatório emitido pelo vendedor de qualquer produto ou serviço, eletronicamente ou em formulário impresso, numerado sequencialmente, que documenta, por força de lei tributária, as operações comerciais de empresas e serve de base para a fiscalização fazendária. Esse é um documento obrigatório para acompanhar a circulação de mercadorias e, no caso de emissão de Nota Fiscal pelo sistema eletrônico, a mercadoria é acompanhada por um documento gerado pelo sistema denominado Demonstrativo Auxiliar de Nota Fiscal Eletrônica (DANFE).

Nota promissória: Título de crédito que o devedor emite a favor de uma pessoa física ou jurídica, e pelo qual ele se compromete a pagar uma importância certa em local determinado e em data estabelecida que é a data do vencimento. A nota promissória pode, por endosso, ser alienada a terceiros ou dada em garantia de outro pagamento que o credor da nota tenha de efetuar.

Notas explicativas do balanço: São esclarecimentos adicionais sobre os resultados e sobre valores patrimoniais relevantes indicados no balanço, tais como: (a) contexto geral das operações; (b) base de preparação das demonstrações contábeis; (c) base de avaliação dos ativos e passivos e práticas contábeis aplicadas; (d) detalhamento dos investimentos em outros negócios; (e) detalhamento do imobilizado e do seu valor líquido da depreciação; (f) detalhamento dos financiamentos de projetos e análise dos seus custos financeiros; (g) detalhamento dos arrendamentos mercantis e análise dos seus custos financeiros; (h) informações sobre seguros e passivos contingentes etc.

Papel moeda: Dinheiro emitido pelo governo sob a forma de notas de papel. Trata-se do meio de pagamento mais restrito, denominado M0, isto é, papel moeda em poder do público.

Passivo: Dívidas e obrigações de uma empresa, isto é, o total dos valores exigíveis e o patrimônio líquido, que, embora não exigível, representa uma obrigação da empresa em relação aos seus proprietários. O passivo, composto pelas contas de saldo credor, é registrado no balanço na coluna da direita, onde estão registradas as origens dos recursos que entraram na empresa. No balanço, o total do passivo tem de coincidir com o total do ativo em virtude do próprio princípio das partidas dobradas.

Passivo circulante: Conjunto de contas representativas das obrigações de curto prazo, ou seja, a serem saldadas no período dos doze meses subsequentes à data do balanço; incluem-se, em geral, contas a pagar a fornecedores, impostos e salários a pagar e empréstimos de curto prazo.

Passivo não circulante: Conjunto de contas representativas das obrigações de longo prazo, ou seja, aquelas vencíveis além de 12 meses da data do balanço; geralmente os financiamentos de projetos.

Patente: Documento emitido pelo governo dando a determinada pessoa física ou jurídica o direito de explorar uma invenção, um título ou um privilégio, com exclusividade, por prazo determinado, ou de cedê-lo mediante o pagamento de uma quantia a ser acertada entre as partes, denominada *royalty*. A patente é uma das causas de monopólio, mas, por outro lado, é um grande incentivo às pesquisas, às invenções e às inovações tecnológicas. Trata-se de um ativo intangível.

Patrimônio bruto: O ativo patrimonial total sem dedução do passivo exigível.

Patrimônio líquido: O valor do patrimônio bruto menos o valor do passivo exigível. Trata-se do valor líquido contábil pertencente aos sócios ou acionistas, representado pelos valores do capital social, das reservas e dos lucros acumulados.

Patrimônio: No sentido de propriedade econômico-financeira da pessoa física ou jurídica é o valor do conjunto de <u>bens físicos</u> tais como dinheiro, joias, obras de arte, móveis, imóveis, veículos, máquinas, ferramentas etc. e <u>direitos</u> tais como títulos e contas a receber, aplicações financeiras etc. Além dos bens físicos, o patrimônio pode incluir bens imateriais que possam ser avaliados, tais como marcas e patentes, ponto comercial, direito de concessionário de serviço público etc. O valor total dos bens e direitos representa o patrimônio bruto, ou ativo patrimonial, como é denominado pela Contabilidade.

Pessoa Física: 1. Qualquer indivíduo. Todas as pessoas, desde o nascimento, são pessoas físicas e, se devidamente documentadas de acordo com a lei, têm os direitos de cidadão(ã) assegurados pela legislação de seu país. O nome oficial, embora menos usado, é pessoa natural. **2.** Pessoa física deve ser entendida como o cidadão ou cidadã no pleno exercício de sua cidadania dentro da sociedade organizada onde atua e vive.

Pessoa jurídica de direito privado: Instituições criadas por pessoas físicas ou jurídicas, com o propósito de, atendendo demandas da sociedade, explorar a prestação de serviços, a industrialização e/ou comercialização de bens, com a finalidade ou não de lucros.

Pessoa jurídica de direito público: Entidade governamental criada por lei, para compor a estrutura do governo, para prestação de serviços públicos, mormente relacionados à saúde, educação e segurança.

Pessoa jurídica: Qualquer instituição legalmente constituída e registrada, com finalidade específica, com direitos e obrigações distintos das pessoas físicas ou jurídicas que a constituem.

Plano de contas: Conjunto de contas de uma organização, devidamente classificadas, codificadas e conceituadas, nas quais são lançados os registros de seus débitos e créditos. As contas são alinhadas seguindo a ordem: ativo, passivo, receitas, custos e despesas. Esse plano indica as contas criadas pela Contabilidade da empresa para compor a estrutura padrão do livro razão. As contas podem receber código numérico de identificação que, também, facilita o uso de processamento eletrônico nos registros e controles contábeis.

Prejuízo: 1. Diferença apurada quando o valor das receitas totais são menores que o valor dos custos e despesas totais de uma organização em determinado exercício. **2.** Diferença entre o preço de venda e o preço de compra de qualquer bem ou direito, quando o preço de venda é inferior ao preço de compra.

Pressuposto da consistência: Pressuposto que estabelece a necessidade de que as políticas contábeis sejam mantidas uniformes, de forma a possibilitar a análise de comparação da situação patrimonial entre períodos. Pela comparação, pode-se identificar as tendências da evolução patrimonial e com isso melhor avaliar de forma prospectiva a situação futura do patrimônio.

Pressuposto da continuidade: Pressuposto que leva a Contabilidade a tratar a entidade como um organismo vivo criado para viver por tempo indeterminado e capaz de gerar valores ou serviços num futuro previsível.

Prevalência da essência sobre a forma: As transações e demais ocorrências de natureza contábil devem ser interpretadas e registradas tomando em consideração a substância e a realidade financeira e não apenas a sua forma legal. É, portanto, a essência que deverá prevalecer no registro contábil e não a forma.

Princípio contábil da materialidade: Os registros contábeis sempre observarão o critério de clareza e capacidade de análise, respeitando a sua relevância na relação custo/benefício. Os fatos de valor insignificante, no contexto do volume de negócios, serão tratados de forma aglomerada por lotes ou períodos diários, semanais ou mensais.

Princípio contábil da oportunidade: Refere-se ao momento em que devem ser registradas as variações patrimoniais. O fato contábil tem de ser reconhecido nos registros contábeis tempestiva e imediatamente à sua ocorrência, contemplando todos os aspectos físicos e monetários.

Princípio contábil da prudência: Na hipótese de duas opções, igualmente válidas, para quantificação e registro de uma variação patrimonial, será tomado o menor valor para receitas, bens e direitos e o maior valor para despesas ou obrigações. Essa orientação visa a refletir na Contabilidade um valor patrimonial líquido conservador e o mais próximo possível da prudente segurança.

Razão auxiliar: Livro razão em que são registradas as movimentações das contas analíticas, tais como contas a pagar, contas a receber, bancos etc.

Realizável: Em Contabilidade, conjunto de contas do ativo cujos valores podem ser convertidos em disponíveis a curto, médio ou longo prazos. Geralmente, em Contabilidade, considera-se realizável a curto prazo os valores que se transformam em dinheiro em menos de um ano, ou seja, nos doze meses subsequentes à data do balanço, e realizável a longo prazo os que se transformam em dinheiro em períodos superiores a doze meses ou após doze meses da data do balanço.

Sociedade anônima: Empresa que tem seu capital dividido em ações, cujos proprietários são denominados acionistas e só respondem pelas suas contribuições ao capital. Essas sociedades podem ser de capital aberto, quando suas ações são cotadas e transacionadas em Bolsas de Valores, ou capital fechado, quando suas ações não são negociadas no mercado de bolsas. O documento de criação dessas empresas é o estatuto social que preserva o anonimato de seus proprietários. O órgão supremo das sociedades anônimas é a assembleia geral de acionistas.

Sociedade limitada: Forma jurídica e organizacional de uma empresa que permite que a responsabilidade de alguns sócios seja limitada ao montante de dinheiro que forneceram à sociedade. A sociedade limitada possui seu capital dividido em cotas, definidas em um contrato social aceito e assinado por todos os sócios. A subscrição de capital ou alterações nas proporções das cotas de cada um exige a alteração desse contrato. Em uma sociedade limitada, alguns sócios, em geral os sócios-gerentes, são integralmente responsáveis pela dívida da sociedade, enquanto outros são responsáveis apenas até o limite dos seus investimentos.

Sócio cotista: Sócio de uma sociedade limitada.

Subconta: O mesmo que conta analítica. É um desdobramento da conta sintética do plano de contas.

Superávit: Diferença entre recebimentos e pagamentos em determinado período, quando o valor dos recebimentos supera o dos pagamentos.

Taxa de câmbio: Preço relativo das moedas de dois países, ou seja, o preço de troca da moeda de um país pela de outro. Quando a moeda do país aumenta de valor em relação à outra moeda tomada como referência, diz-se que houve uma valorização cambial; quando diminui de valor, diz-se que houve uma desvalorização cambial. Quando a autoridade monetária do governo arbitra essa taxa, ela é chamada taxa oficial, criando por consequência de mercado uma taxa de mercado paralelo.

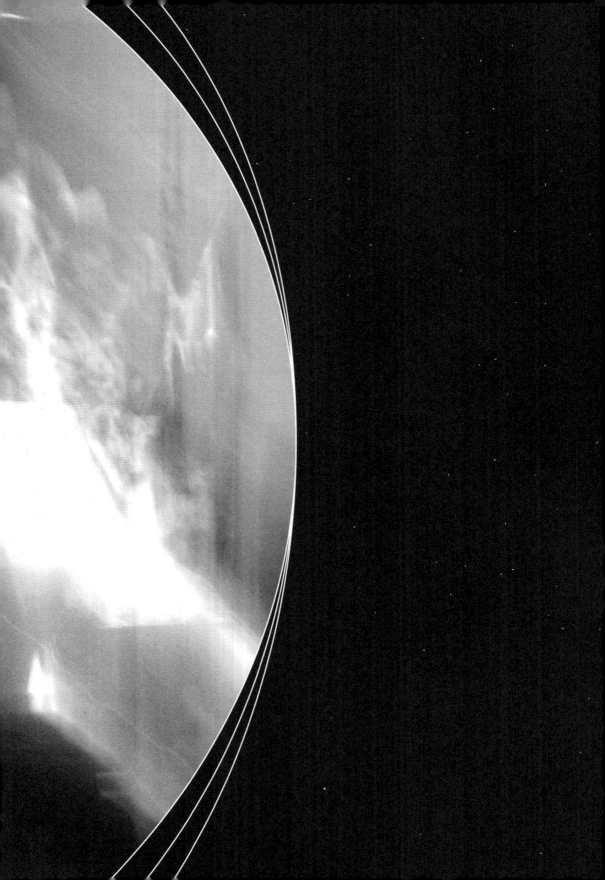

REFERÊNCIAS

ATKINSON, et. al. *Contabilidade Gerencial*. São Paulo: Atlas, 2000.

CARVALHO, et. al. *Análise e Administração Financeira*. São Paulo: IBMEC, 1980.

CONSELHO FEDERAL DE CONTABILIDADE. Resolução n. 1.306 de 25 de novembro de 2010.

_____. Resolução n. 1.315 de 09 de dezembro de 2010.

BRASIL. Lei n. 11.638 de 28 de dezembro de 2007.

ERNST & YOUNG; FIPECAPI. *Manual de Normas Internacionais de Contabilidade*. São Paulo: Atlas, 2009.

HORNGREN; FOSTER; DATAR. *Contabilidade de Custos*. Rio de Janeiro, LTC: Livros Técnicos e Científicos, 2000.

IBRACON – Instituto Brasileiro de Contadores. *Princípios Contábeis*. São Paulo: Atlas, 1992.

IUDÍCIBUS, et. al. *Contabilidade Introdutória*. São Paulo: Atlas, 1990.

IUDÍCIBUS; MARTINS; GELBCKE. *Manual de Contabilidade das Sociedades por Ações*. São Paulo: Atlas, 1995.

LACOMBE; HEILBORN. *Administração: princípios e tendências*. 2ª ed. São Paulo: Saraiva, 2008.

NEVES; VICECONTI. *Contabilidade Básica*. São Paulo: Saraiva, 2012.

POZO, Hamilton. *Administração de Recursos Materiais e Patrimoniais*. São Paulo: Atlas, 2007.

RIBEIRO, Osni Moura. *Contabilidade Básica Fácil*. 27ª ed. São Paulo: Saraiva, 2010.

TUNG, Nguyen H. *Controladoria Financeira das Empresas*. São Paulo: EDUSP, 1985.

WILLIAMS, Jan R. *GAAP Guide*. New York: Harcourt Professional Publishing, 2000.